KB142170

당신은
빌 게이츠의 시험에
합격할 수 있는가?

SEIKOUSHA NO JIATAMARYOKU PUZZLE

by Michitoshi Kajitani

Copyright © 2009 by Michitoshi Kajitani
All rights reserved.

Originally published in Japan by Nikkei Business Publications, Inc.
All rights reserved.
Korean translation rights arranged with Nikkei Business Publications, Inc.
Through PLS Agency, SEOUL

카지타니 미치토시 지음 | 이진원 옮김

최고 기업에서 최고 인재를 뽑는 기상천외한 질문

당신은
빌 게이츠의 시험에
합격할 수 있는가?

Winner's
BrainWork
in Puzzle

쌤앤파커스

당신은 빌 게이츠의 시험에 합격할 수 있는가?

2010년 11월 1일 초판 1쇄 발행 | 2012년 3월 14일 4쇄 발행
지은이 · 카지타니 미치토시 | 옮긴이 · 이진원
펴낸이 · 박시형

책임편집 · 권정희, 김은경 | 표지 디자인 · 김애숙 | 본문 디자인 · 박보희

경영총괄 · 이준혁
마케팅 · 권금숙, 장건태, 김석원, 김명래, 탁수정
경영지원 · 김상현, 이연정, 이윤하
펴낸곳 · (주)쌤앤파커스 | 출판신고 · 2006년 9월 25일 제313-2006-000210호
주소 · 서울시 마포구 동교동 203-2 신원빌딩 2층
전화 · 02-3140-4600 | 팩스 · 02-3140-4606 | 이메일 · info@smpk.kr

ⓒ Michitoshi Kajitani (저작권자와 맺은 특약에 따라 검인을 생략합니다)
ISBN 978-89-92647-18-2 (03320)

쌤앤파커스(Sam&Parkers)는 독자 여러분의 책에 관한 아이디어와 원고 투고를 설레는 마음으로 기다리
고 있습니다. 책으로 엮기를 원하는 아이디어가 있으신 분은 이메일 book@smpk.kr로 간단한 개요와
취지, 연락처 등을 보내주세요. 머뭇거리지 말고 문을 두드리세요. 길이 열립니다.

세계적인 경제위기로 극심한 경제구조의 변화를 맞은 지금,
기업에 필요한 사람은 지식 편중형 인재가 아니라,
스스로 생각하는 능력과 창의적인 문제해결력을 갖춘 인재다.

CONTENTS

4 발상의 전환

불운을 행운으로 바꾸는 힘 • 159

'스펙'의 시대는 갔다,
이제 '싱킹'의 시대다!

지난 30여 년간 채용, 인재육성, 조직관리등 HR(인력관리) 분야에
몸담아왔다. 경력의 대부분을 인재를 뽑아 키우고, 그들을 적재적소
에 배치하는 데 쏟아 부은 셈이다. 특히 대한민국에서 인재경영에
가장 공을 들인다는 삼성에서 보낸 세월이 대부분이다. 그동안 실로
많은 사람들을 뽑기 위해 만나봤고, 우수인재들의 역량을 키우는 데
주력해왔다.

그러나 열 길 물속은 알아도 한 길 사람 속은 모른다고 했던가.
돌이켜보면 하면 할수록 더 어려워지는 것이 사람을 뽑는 일이라는
사실을 부정할 수가 없다. 더욱이 오늘날에는 인재의 평가 잣대가 달
라져서, 과거처럼 일반상식을 줄줄 외거나 지식을 쌓는다고 인재가
되는 것이 아니다. 그보다는 '생각의 능력'이 커야 진짜 인재인데,

이것을 몇 장짜리 입사지원 서류나 몇십 분 면접으로 간파해내기란 여간 어렵지 않다.

20년 전 삼성의 S사에서 채용부장을 지낸 적이 있다. 삼성은 선대 회장 때부터 관상을 보아 사람을 선택할 만큼 인재를 뽑는 기준으로 '정직'과 '성실'을 기본으로 보았다. 그러나 이건희 회장이 취임하면서 21세기 창조의 시대에는 '끼 있는 인재, 창조적 인재' 나아가 '천재급 인재'를 뽑아야 한다고 인재의 패러다임을 바꾸었다. 그러나 실무에서 이를 실행하기에는 경험이나 자료가 없다 보니 애로사항이 한두 가지가 아니었다.

채용부서에서는 궁여지책으로 노래 잘하는 사람, 춤 잘 추는 사람을 뽑아본 적도 있지만, 놀이에만 강할 뿐 창조적 인재는 아니었다. 또 해외의 우수인재를 채용하기 위해 일본이나 미국에서 아이비리그 출신 같은 인재들을 인터뷰한 적도 적지 않다. 그러나 그 당시 사람을 보는 시각이나 인터뷰할 때의 기준은 여전히 스펙이나 인성 중심으로 흐를 수밖에 없었던 것이 솔직한 고백이다. 왜냐하면 채용담당자나 인터뷰를 하는 경영진의 의식수준이나 사람을 보는 잣대에 근본적인 변화가 없었기 때문이다.

이 책을 받아본 순간 나는 "아, 이거구나" 하는 생각이 먼저 들었다, 그 당시 이러한 책들이 있었다면 창조적인 우수한 사람을 뽑는

데 얼마나 큰 도움이 되었을까 하는 아쉬움과 함께 반가운 마음을 금할 수가 없었다. 어학, 학벌, 자격증 같은 스펙 이면에 숨은 '창조력을 발휘하는 사고력'을 볼 수 있는 잣대를 제시하기 때문이다.

여기 일찌감치 '생각하는 인재'의 중요성을 간파함으로써 세계를 제패한 기업이 있다. 세계적인 글로벌 기업, MS사가 그 주인공이다. 이 회사의 '인재감별 필살기'는 그 기발함과 허를 찌르는 날카로움으로 이미 유명하다. 인터넷에 'MS사 면접시험문제'를 검색해보면 기상천외한 문제들이 튀어나온다.

'후지산을 어떻게 옮길까?' 라는 유명한 문제에서부터 특정 지역의 가스 충전소 개수를 계산하라는 말도 안 되는(?) 문제까지…. 문항들을 보고 있자면 '이걸 어떻게 푸나?'라는 질문을 넘어 '이걸 도대체 뭐 하러 묻나?' 하는 의문이 절로 들 정도다. 누군가는 IQ 150 이상의 천재들을 뽑기 위해 낸 것이라고 추측하기도 한다.

빌 게이츠가 이런 엉뚱한 질문을 던지는 의도는 분명하다. 단답형 지식이 아니라 '생각하는 능력'을 시험해 인재를 뽑겠다는 뜻이다. 이런 질문은 족집게 과외를 하듯 정답(?)을 외워서 답할 수 있는 성질의 것이 아니다. 사전 정보가 전혀 없는 면접 자리에서, 오로지 생각의 힘으로 답할 수밖에 없다. 이런 극한의 자리에서 그 사람의 진가가 확인되는 법. 말도 안 되는 질문 앞에 지레 포기하는지, 아무거나 머릿속에 떠오르는 대로 말하는지, 하나의 답을 말하는지, 아니면 질문 이면의 또 다른 논리를 간파해 새로운 답을 제시하는지까지….

이 책은 기업이, 아니 오늘날 세상이 원하는 '생각하는 힘'을 키우는 방법을 MS사에서 출제된 45가지 문제로 명쾌하게 보여준다. 인터넷에 떠도는 'Q&A' 식의 단답형 설명이 아니라 문제의 출제의도와 오답 유형을 차근히 설명하고 답을 제시하고 있어, 저자의 해설을 따라 읽는 것만으로도 '어떻게 생각해야 하는지' 그 방식을 훈련할 수 있다는 것이 가장 큰 장점이다. 따라서 당장 취업을 준비하는 분들은 물론, 자신의 '싱킹 thinking 능력'이 얼마나 되는지 스스로 점검하고 싶은 분들이라면 반드시 읽어보기를 권한다.

단, 심심풀이 크로스퍼즐 풀듯이 재미삼아 읽어서는 안 된다. 펜과 종이, 시계를 곁에 두고, 실제 면접장에 있는 것처럼 반드시 대답을 하겠다는 각오로 읽어야 할 것이다. 그렇게 한 문제 한 문제 정복하면서 새로운 사고법은 물론, 문제를 해결했을 때의 뿌듯함과 청량감을 맛보게 되기 바란다. 그럼으로써 닥치는 대로 정보를 주입해 '스펙'을 키우는 것이 아니라 스스로 답을 찾아가는 '싱킹' 능력을 키우게 되기를, 그리하여 진정한 인재로 거듭나게 되기를 바란다.

준비되었는가? 이제 시작해보자. 빌 게이츠와의 진검승부로 '생각하는 능력'을 키우시기를!

(주)조인스HR 대표 **가재산**

당신은 어떤 유형의 인재인가

"너는 일본인이니까 후지산을 옮기는 데 시간이 얼마나 걸릴지 알고 있겠지?"

2000년을 막 지났을 무렵이었을까. 알고 지내던 외국인 친구로부터 황당한 질문이 담긴 메일을 받았다. 워낙 농담을 좋아하는 친구여서 진지하게 생각하지 않고 그냥 지나치려 했는데, 혹시나 싶어 메일을 찬찬히 읽어보니 실제 MS사의 면접에서 나온 문제라는 것이다. 처음에는 이러한 문제를 냈다는 것이 믿기지 않았다. 후지산에 대해 몰라도 일하는 데는 아무 지장이 없을 텐데, 대체 왜 이렇게 이상야 릇한 문제를 출제했는지 의아한 생각마저 들었다.

하지만 '정말 출제되었다면 대체 그 취지는 무엇일까?', '과연 이런 문제에 정답이 있기는 한 걸까?', '어떻게 답해야 면접에 합격할 수 있을까?' 하는 의문들이 좀처럼 머릿속을 떠나지 않았다. 그래서 메일을 보내온 친구를 비롯해 과거에 함께 근무했던 동료나 스태프들에게 MS사의 면접에 관한 정보라면 무엇이든 좋으니 수소문해 보내달라고 부탁했다. 그 결과 MS사의 면접에서는 전문분야 외에도 이러한 유형의 문제가 출제되고 있다는 사실을 알게 되었으며, 지인들의 정보망을 통해 유사한 형식의 문제들을 입수할 수 있었다. 그중에는 다음과 같은 문제들도 포함되어 있었다.

"전 세계 피아노 조율사는 몇 명일까?"
"자동차 문을 열려면 열쇠를 어느 방향으로 돌려야 할까?"
"미국에는 주유소가 몇 개나 있을까?"

나는 지인들과 계속 연락을 취하는 과정에서 몇 가지 사실을 추가로 확인하게 되었다. 면접에서 왜 이러한 문제를 출제하는지, 이렇게 '난해한' 문제를 내는 목적이나 배경 등을 말이다.

지금까지 우리가 면접에서 접해온 질문들은 다음과 같다.

"이 회사에 지원한 동기는 무엇인가?", "이 회사에서 무엇을 하고 싶은가?", "당신의 특기는 무엇인가?" 등등 하나같이 틀에 박힌 질문들로, 대부분의 지원자들이 사전에 면밀히 답변을 준비하기 때문에 꼭 필요한 사람을 가려내기가 좀처럼 쉽지 않다.

이에 비해 MS사는 어떤가. 그들은 인터넷 사회나 세계시장처럼 급격하게 변화하는 비즈니스 환경을 축으로, 문제에 답하는 속도가 얼마나 빠른지, 사고가 미시적인지 거시적인지, 평소 사물을 주의 깊게 살펴보는지, 선입견에 사로잡히지 않고 다양한 관점에서 모든 가능성을 고려하는지, 예상치 못한 것까지 세심하게 관찰하는 주의력을 갖추고 있는지 등을 판단하는 질문을 여러 방면에 걸쳐 던진다. 비록 정답은 맞히지 못하더라도 얼마나 설득력 있게 대답하는지, 문제를 풀어나가는 과정은 논리적인지를 판단하는 문제 또한 다양하게 갖추고 있다.

이런 문제를 내는 출제자의 의도는 명확하다. 면접을 통해 사고의 유연성, 창의적인 발상, 창조적인 문제해결능력 등을 평가하려는 것이다. 면접은 제한된 시간 내에 주어진 문제에 답해야 하는 상황으로, 쉽게 풀리지 않는 수많은 난관을 정해진 시간 안에 처리해야 하는 비즈니스나 마찬가지다. 즉 이러한 문제를 해결하는 과정이 비즈니스의 미니 프로젝트라는 인식 아래, 단순한 지식을 넘어 지원자의 근성과 탐구력, 창조력, 실행력 등을 판단하려는 것이다.

특히 오늘날 비즈니스에서는 학교에서 가르쳐주지 않은 상황에 맞닥뜨리기 일쑤다. 어떤 변수가 생길지, 무슨 일이 일어날지 모르는 상황에서 답변하기 힘든 과제들이 계속 등장한다. 결국 모든 데이터와 정보를 활용해 자신만의 가설을 세워 문제를 해결해야 하는데, 이때 기존 지식보다는 미지의 세계에 대한 문제해결능력이 더욱 절실히 요구된다. 이러한 관점에서 미지의 세계를 파악해 문제를 해결해 나가는 능력을 판단하는 것이 바로 후지산이나 피아노 조율사와 관련된 문제다.

"시카고에 있는 피아노 조율사는 모두 몇 명일까?"

피아노 조율사 문제는 노벨 물리학상을 수상한 이탈리아계 미국인 물리학자 엔리코 페르미Enrico Fermi가 시카고 대학의 학생들에게 출제한 문제로, 그 추정 과정과 풀이 방법이 매우 논리적인 것으로 유명하다. 미지의 분야에 대한 문제를 해결해나가는 이 접근법을 '페르미 추정'이라 하는데, 규모가 큰 시장이나 수요를 예측할 때 매우 효과적이다.

2~3년에 걸쳐 지인들과 이러한 정보를 주고받는 동안, 그중 한 명

이 다음과 같은 책을 보내 왔다. 《후지산을 어떻게 옮길까? How Would You Move Mount Fuji?》라는 제목의 책으로, 친구가 말해준 후지산 문제가 실제 책으로 출간된 것이다! 그때까지도 한 가닥 의구심을 떨쳐내지 못했던 나는 비로소 MS사의 면접시험에 후지산 문제가 출제되었다는 사실을 실감할 수 있었다. 이러한 형식의 면접이 IT업계뿐 아니라 컨설팅 업계나 리서치 기관, 언론사, 은행, 보험회사, 항공회사, 나아가 군(軍)에 이르기까지 폭넓게 확산되고 있다는 지인들의 이야기를 그 책이 증명해준 셈이다.

게다가 페르미 추정 문제가 어디서 주로 출제되는지를 조사하는 과정에서 학교가 이러한 문제들을 간단한 형태로 바꾸어 교과과정에 도입하고 있다는 사실도 알게 되었다. 이는 과거의 지식에 집착하기보다 새로운 분야를 개척할 수 있는 능력을 좀 더 이른 시기부터 심어주려는 의도일 것이다. 만물박사 역할은 이미 인터넷이 대신하고 있지 않은가.

이에 반해 우리의 현실은 어떤가? 아직도 지식에 편중된 입시전쟁을 계속하고 있는 데다, 기업에서는 여전히 '일류 대학' 출신만 선호하고 있다. 세계적인 경제위기로 극심한 경제구조의 변화를 맞은 지금, 기업에 필요한 사람은 지식 편중형 인재가 아니라, 스스로 생각하는 능력과 창의적인 문제해결력을 갖춘 인재다. 따라서 페르미 추정 문제는 기업이 원하는 인재를 발굴하는 하나의 수단으로 좀 더 깊게 연구할 필요가 있다.

　나는 이러한 중요성과 필요성을 실감한 다음, 약 5년 전부터 웹 사이트(www.arp-nt.co.jp)에 '당신은 빌 게이츠의 시험에 합격할 수 있는가?'라는 칼럼을 연재해왔다. 칼럼을 연재하는 동안 빌 게이츠를 비롯한 유니클로uniqlo의 야나이 다다시, 철강왕 앤드류 카네기Andrew Carnegie, 소프트뱅크SoftBank Corporation의 손정의, 교세라Kyocera Corporation 와 KDDI를 설립한 이나모리 가즈오 등, 각계에서 최고에 올라선 사람들의 성공 비결이 MS사 면접시험의 출제 의도와 깊은 연관이 있다는 사실을 발견할 수 있었다. 그 칼럼을 보완한 것이 바로 이 책으로, 다음과 같은 점을 고려해 집필하였다.

- 각각의 문제를 출제한 배경이나 의도를 가능한 한 구체적으로 알기 쉽게 해설한다.
- 생각하는 힘을 기를 수 있도록 정답뿐 아니라 정답에 이르는 과정을 상세하게 해설한다.
- 단순한 문제풀이에 그치지 않고 보편화해 적용할 수 있도록 구체적인 예를 들어 설명한다.
- MS사의 문제에만 국한하지 않는다.

- 스스로 생각한다는 측면에서 성인뿐 아니라 아이들까지도 독자로 고려해 흥미를 느끼고 즐겁게 풀 수 있는 문제를 소개한다. 실제로도 전문가가 풀지 못한 문제를 초등학생이나 중학생이 푼 경우가 있었다.
- 탐구심이나 호기심이 왕성한 독자를 위해, 문제의 내용과 관련해 보충할 만한 데이터나 흥미 있는 정보도 가능한 한 함께 소개한다.

이 책에는 뛰어난 경영자 5명의 성공 스토리와 함께, 각 챕터별로 9개씩 총 45개의 문제를 담았다. 모두가 성공한 사람들의 능력과 깊게 관련된 문제이지만, 출제배경을 통해 문제의 힌트를 알아채지 못하도록 의도적으로 다른 4명의 챕터에 숨겨놓은 문제들도 있다.

일단 문제를 풀 수 있든 없든 간에 실패를 두려워하지 말고 새로운 문제에 도전해보자. 그것이 '생각하는 뇌'를 만드는 기본이자 가장 좋은 방법임을 깨닫게 될 것이다. 당신이 '성공'이라는 열매에 한 발짝 다가서는 데 이 책이 미흡하나마 도움이 되길 바란다.

카지타니 미치토시

실패예찬과 창조력

새로운 시도를 하지 않으면 앞으로 나아갈 수 없다. 새로운 일에 도전했을 때 실패하는 것은 당연하다. 만일 실패한 경험이 없다면, 그것은 새로운 일에 도전하지 않았거나 목표를 지나치게 낮게 잡았기 때문이다. —야나이 다다시

계속해서 실패하고 계속해서 도전하라

"대학시절 나는 무기력증에 빠진 전형적인 학생이었다. 수업은 빼먹기 일쑤였고 마작과 영화, 심지어 슬롯머신에도 손을 댔다. 사업에 대한 관심? 그런 건 눈곱만큼도 없었다. 꿈은 고사하고 어떻게 해야 평생 일하지 않고 먹고살 수 있을까에 골몰했을 정도다."

일본 최고의 의류기업인 유니클로의 창업자, 야나이 다다시가 털어놓은 자신의 과거다. 그런데 어떻게 이런 사람이 미국 〈포브스Forbes〉지가 선정한 일본 최고의 자산가에 이름을 올릴 수 있었을까? 그것도 닌텐도Nintendo의 야마우치 히로시와 소프트뱅크의 손정의를 당당히 제치고 말이다. 이는 그의 성공을 우연이 아닌 '필연'으로 만든 동력이 있었기 때문이다. 바로 '실패'라는 동력.

나는 국내외 각계각층에서 성공한 사람 약 240명을 분석해 데이터베이스화하는 작업을 지속해왔다. 이를 '수량화 이론Quantification Theory'이라는 통계법으로 분석해보면, 성공한 사람들이 중시하는 가치가 여실히 드러난다. 그들의 사고방식에는 '변한다, 바꾼다'는 마음가짐, 이른바 '변화'와 '혁신'이 존재한다. 비즈니스뿐 아니라 정치, 예술, 스포츠 등 다른 분야에서도 마찬가지다. 미국의 오바마Barack Obama 대통령이나 일본의 고이즈미 전(前) 총리 또한 '도전'과 '구조개혁'을 외치지 않았던가.

'변화'와 '혁신'은 반드시 새로운 것에 도전한다는 생각에서 출발한다. 이러한 의지는 '반대에 부딪히더라도, 사회와 다른 사람에게 도움이 되는 일이라면 끝까지 해내고야 만다'는 결심으로 이어진다. 그들은 하나같이 "도전하다 보면 처음에는 실패할 때가 많은데, 그것은 당연한 일이다. 아무도 하지 않은 새로운 일에 도전하는 이상, 처음부터 잘될 거라고 생각하는 것 자체가 오히려 뻔뻔하지 않은가. 실패는 패배가 아니라 목표를 이루기까지 반드시 거쳐야 하는 과정에 지나지 않는다"며 실패를 예찬한다. 이는 단순한 찬사가 아니라 그들의 경험 깊은 곳에서 우러나온 지혜로, 야나이 사장의 이야기에서도 실패예찬에 대한 내용을 쉽게 찾아볼 수 있다.

"미국의 대학 생협은 학생들이 원하는 물건을 바로 구입할 수 있도록 품절이 없는 시스템을 갖추고 있으며, 고객이 부담스러워할 만한 서비스는 하지 않는다. 매장 점원을 없앤 것은 경비를 절감하려는 의도가 아니라, 서점이나 음반 가게처럼 고객이 부담 없이 들어왔다가 나갈 수 있도록 배려한 것이다. 이 방식을 옷가게에 도입한다면 재미있지 않을까?"

이러한 생각이 유니클로의 시초가 되었다. 그리고 무수한 도전과 실패를 거듭한 끝에 오늘날의 유니클로가 탄생했다. 그는 실패의 과정에서 무엇을 배우고 느꼈을까? 다음의 말은 실패를 바라보는 그의 생각을 잘 드러내준다.

"나는 시골의 작은 양복점에서 출발해 한 계단, 한 계단 성장하며 여기까지 왔다. 그러한 과정 속에서 비즈니스란 실패를 거듭하며 조금씩 나아가는 것임을 몸소 체득할 수 있었다.

실패는 당연한 것이며 오히려 성공을 원한다면 실패는 꼭 거쳐야 한다는 것이 나의 생각이다. 나 또한 런던 진출, 야채 사업, 바니스Barneys 백화점 인수 포기 등과 같은 수많은 실패를 겪어왔다. 유니클로가 갑자기 유명해지자 탄탄대로를 밟으며 순조롭게 성공한 것 아니냐는 오해를 사곤 하는데, 《1승 9패》라는 책에서도 말했듯이 나는 지금도 실패를 겪고 있다. 사람들은 뛰어난 경영자라면 하는 일마다 잘될 거라고 생각하는 경향이 있다. 하지만 그것이야말로 크나큰 착각이다. 새로운 시도를 하지 않으면 앞으로 나아갈 수 없으며, 새로운 일에 도전했을 때 실패하는 것은 당연하다. 만일 실패한 경험이 없다면, 그것은 새로운 일에 도전하지 않았거나 목표를 지나치게 낮게 잡았기 때문일 것이다. 1승 9패는 오히려 괜찮은 성적표다. 9번 실패한 사람은 냉정하고 진지하게 다음에 성공할 방법을 생각한다. 이것을 위해 9번 실패하는 것이다. 나는 사회적으로 가치 있는 제품을 만드는 것이야말로 기업이 존재하는 진정한 이유라고 생각한다. 하지만 그것은 위험을 무릅쓰고 도전하지 않으면 이루어낼 수 없다. 그래서 나는 계속해서 도전하고, 계속해서 실패하는 것이다.

그런데 많은 사람들이 지나칠 정도로 실패를 두려워한다. 심지어 실패하고도 자신의 실패를 인정하지 않는다. 물론 위기로 이어지는 치명적인 실패는 피해야겠지만, 새로운 일은 해보지 않으면 알 수 없으므로 당연히 실패할 수밖에 없는데 말이다. 다만 실패했을 때 막연하게 '내가 실패하다니, 이럴 수가!' 정도로 그치면 실패한 의미가 없다. 왜 실패했는지를 구체적으로 철저하게 분석하고 기억한 다음, 이를 성공의 비결로 활용해야 한다. 실패는 행동하지 않고 분석만 하며 망설이는 것보다 훨씬 낫다. 생각해보라. 절대 계획한 대로 되지 않는 것이 비즈니스 아닌가. 그렇다면 빨리 실패하고 빨리 개선하는 것이 이득이자, 가장 바람직한 성공 비결이다. 또한 실패는 몸으로 직접 체득하는 과정이기 때문에 그 무엇과도 바꿀 수 없는 귀중한 자산이 된다. 실패는 단순한 상처를 뛰어넘어 다음에 다가올 성공의 씨앗을 내포하고 있다."

야나이는 수없이 실패를 거듭한 끝에 상품기획은 일본에, 방적은 인도네시아에, 염색이나 봉제는 중국에 맡기는 시스템을 구축할 수 있었다. 그 결과 값싸고 품질까지 좋은 플리스(fleece, 양털같이 부드러운 직물, 옮긴이)나 히트텍(Heat Tech, 겨울용 이너웨어, 옮긴이)등을 개발해, 남녀노소를 막론한 폭넓은 층의 잠재수요를 발굴하는 데 성공했다. 단순히 사업수완이 좋았다기보다 실패를 두려워하지 않는 의지가 빛을 발한 것이다.

1

선입견을 버리고 관점을 바꿔라

이 문제는 등분과 관련된 내용이다. 문제를 출제한 이유가 무엇인지 생각하면서 풀어보자.

"남은 케이크를 이등분하려면?"
직사각형 모양의 케이크가 있다. 그런데 누군가 케이크의 일부분을 직사각형 모양으로 잘라낸 상태다. 한 번 만에 일직선으로 남은 케이크를 이등분하려면 어떻게 잘라야 할까? 단, 잘라낸 케이크의 크기나 방향은 아무래도 상관없다.

언뜻 어려워 보이긴 하지만, 의외로 많은 사람이 간단히 해결한 문제다. 하지만 답안을 보고 난 후에는 생각지 못한 부분에 인간의 맹점이 존재한다는 사실을 다시금 깨달을 수 있을 것이다. 따라서 의외로 문제를 쉽게 풀었다면, 다른 무언가가 숨겨져 있을지도 모른다는 의심을 품어보자.

먼저 간단하게 문제를 푼 경우다. 문제를 쉽게 풀기 위해 직사각

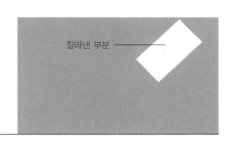

잘라낸 부분 ————

그림 1.1

형 모양의 카스텔라를 떠올려보자. 문제에는 케이크를 위에서 보았을 때 그림 1.1과 같이 그 일부를 사각형 모양으로 잘라냈다고 언급되어 있다. 주어진 과제는 남아 있는 부분을 일직선으로 이등분하라는 것이다. 이는 2개의 카스텔라, 즉 직사각형 모양으로 잘라낸 카스텔라와 나머지 카스텔라가 겹쳐진 것으로 보고, 그 2개를 동시에 이등분하는 방법을 묻는 것과 같다. 물론 일직선으로 말이다.

먼저 하나의 직사각형만을 놓고 생각해보자. 조건에 의하면, 케이크를 이분하는 수단은 하나의 직선이지 곡선이나 꺾은선이 아니다. 이 조건을 충족하는 가장 간단한 방법은 직선이 케이크의 중점을 통과하는 것이다. 이때 직사각형 1개의 중심을 통과하는 직선은 무수히 많지만, 직사각형 2개의 중심을 공통으로 통과하는 직선은 하나밖에 없다(그림 1.2). 자신이 문제를 간단하게 풀었다고 생각하는 사람들은 보통 이 방법을 말한다.

그럼, 이보다 더 쉬운 답이 있느냐고? 그렇다. 빌 게이츠가 원한 것은 어떤 일이든 최단시간에 완벽하게 해결할 수 있는, 가장 쉽고

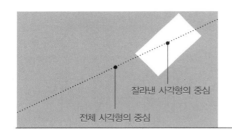

잘라낸 사각형의 중심

전체 사각형의 중심

그림 1.2

도 빠른 방법이다. 실제로도 이 문제를 아홉 살 소녀, 즉 초등학생이 다른 방법으로 풀었다고 한다. 그렇다면 다시 문제를 살펴보자. 여기서 힌트는 '케이크'라는 점이다. 즉 평면이 아닌 입체물을 이등분해야 한다. 이 문제를 푸는 사람들은 아무래도 'MS사가 낸 문제니까 어려울 거야'라는 선입견을 갖기 쉽다. 이러한 선입견을 가지면 자신도 모르게 기하학적 지식을 동원해 문제를 바라보게 된다. 각도를 바꾸어 순수한 관점에서 접근해보자. 평면을 이등분하는 문제라면 그림 1.2가 100% 정답이겠지만, 문제는 케이크가 입체물이라는 것이다. 기하학적인 발상으로 사물을 보면 케이크가 입체라는 사실을 간과하기 쉽지만, 그림 1.3과 같이 케이크의 단면을 자르면 정확히 이등분할 수 있다.

혹시 정답을 보고 어이없다고 생각했는가? 정말 중요한 것은 이 정답을 진지하게 분석하는 자세다.

2명의 아이가 케이크를 보고는 빨리 나눠달라고 울어댄다면, 당신은 그림 1.2와 1.3 중 어떤 방법을 선택할 것인가? 그림 1.3이 훨씬

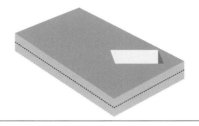

그림 1.3

간단하고 아이들도 바로 납득시킬 수 있는 방법임은 누구나 인정할 것이다. 이러한 발상의 전환은 실제 일어날 법한 상황을 '가정'할 때 훨씬 더 수월해진다.

회사가 현실을 바탕으로 한 생생한 문제해결법을 요구하는 것은 너무나 당연하지 않은가. 이 문제를 출제한 이유는 다음과 같다. 선입견을 갖거나 지나치게 지식이 풍부한 경우 오히려 문제를 어렵게 생각하기 쉬운데, 그럴 땐 백지상태 혹은 초심으로 돌아가 다시 접근하라는 것이다. 아울러 한 가지 해결책에 만족하지 않고 또 다른 방법이 없는지 관점을 바꾸어보는 '발상의 전환'을 강조하고 있다. 이는 우리의 '사고력', '관찰력', '주의력'을 시험해보는 문제로, 답은 다음과 같다.

그림 1.3과 같이 수평으로 자르거나, 그림 1.2와 같이 각각의 직사각형의 중점을 잇는 선을 따라 자른다. 실제로 이 두 가지 답을 모두 말한 지원자가 합격했다고 한다.

실패예찬과 창조력

2

이과理科 법칙의 이해도

"배의 수위水位는 어떻게 변할까?"
당신은 지금 배에 타고 있다. 배 안에 있는 수하물을 배 밖으로 던지면, 수위는 올라갈까, 내려갈까?

이것은 허를 찌르는 문제다. 수위 변화에 관한 것까지 생각해본 사람은 그리 많지 않을 것이다. 통상적으로 배를 띄울 수 있는 호수나 바다에서 수하물을 밖으로 던졌을 때 수위의 변화는 거의 '제로'에 가깝기 때문이다. 하지만 원리적으로는 분명히 수위에 영향을 미칠 수밖에 없다. 바다에 떠 있는 빙산이 지구온난화의 영향으로 녹는 경우를 떠올려보라.

이 문제를 출제한 의도는 지원자가 기초물리학을 어느 정도 이해하고 있는지, 허를 찌르는 문제에도 유연하게 대처할 수 있는지, 그리고 끝까지 문제를 주의 깊게 풀어나가는지를 판단하려는 것이다.

작은 용기 속에 모형 배를 띄웠다고 가정해보자. 이때 수면 아래에 있는 배의 무게만큼의 물은 원래 높이에서 올라오게 된다. 즉 수위의 변화는 수면 밑에 있는 물체의 무게와 그에 따른 부피 변화가 원인이 된다. 이는 초등학교 때 배운 '배수량(排水量, 배가 물에 떠 있으면서 밀어낸 물의 중량으로, 배의 크기를 표시하는 데 사용된다, 옮긴이)과 부력의 원리'다. 처음 들었을 때는 무슨 말인지 도무지 이해할 수 없었는데, 선생님께서 다음과 같이 명쾌하게 설명해주셨던 기억이 난다 .

"수조의 물을 두부라 생각하고 그것을 칼로 잘라냈다고 상상해보렴. 그리고 잘라낸 공간에 무게와 모양이 완전히 같은 다른 물체를 똑같이 올려놓으면 어떨까. 만일 물체가 잘라낸 두부보다 조금이라도 무겁다면 밑에 있던 두부는 무게를 이기지 못하고 찌그러지겠지만, 무게가 같다면 두부는 원래 상태를 유지하겠지."

배수량 또한 마찬가지다. 수하물을 배 밖으로 던지면 선체가 가벼워지는 만큼 배가 떠오르기 때문에 당장 배수량은 줄어들지 몰라도, 다시 수하물이 배수 작용을 하기 때문에 배와 수하물의 전체 무게가 변하지 않는 한 배수량은 같다.

그런데 정말로 그럴까? 수하물의 무게가 지나치게 가벼워 물에 뜰 경우, 물이 받는 (배와 수하물의) 총중량은 변동이 없고 따라서 배수량도 같으므로, 수위는 변하지 않는다. 이와 반대로 상당히 무거운

수하물의 경우에는 그것을 끈으로 단단히 묶어놓았다면 배 밖으로 던졌을 때 배는 순간적으로 떠오르겠지만, 얼마 지나지 않아 연결된 수하물의 무게에 의해 배는 다시 조금 가라앉는다. 이 경우에도 총 무게는 같으므로 배와 수하물이 하나가 되어 떠 있는 한 배수량은 변하지 않으며, 수위도 달라지지 않는다.

그렇다면 끈을 잘라 수하물이 가라앉은 경우는 어떨까? '가라앉는다'는 것은 밀어내는 물의 양보다 물체의 무게가 더 무겁다는 의미다. 이 말을 뒤집어보면, 수하물이 배 위에 '떠 있는' 동안 필요했던 배수량보다 수하물이 가라앉으며 밀어낸 물의 양이 적다는 뜻이 된다. 따라서 밀어내는 물의 양이 줄어듦으로, 전체 수위는 조금 내려가게 된다.

이 문제를 출제한 의도는 무의식 중에도 얼마나 주의력을 발휘하고 있는지를 판단하려는 것이다. 평소 무엇이 됐든 깊게 생각하는 습관을 갖추고 있는지 평가하려는 의도이기도 하다. 정답은 다음과 같다.

> 수하물이 물 위에 뜰 경우 전체 수위에 변화는 없으며, 수하물이 가라앉을 경우 수위는 내려간다.

3

빙산과 수위와 지구환경

조금만 더 깊게 생각하면, 하나의 문제를 실마리로 계속해서 새로운 문제를 만들 수 있다. 이번에 풀 문제는 앞의 문제를 응용해 내가 만들어본 것이다. 자, 문제를 풀어보자.

"북극의 빙산이 녹으면 해수면의 수위는 어떻게 될까?"

앞의 문제를 쉽게 푼 사람이라면, 이번 문제 또한 간단히 풀 수 있다고 자신할지도 모르겠다. 물에 뜬 물체는 자신의 무게와 같은 양의 물을 밀어낸다는 '배수량과 부력의 원리'에 따르면, 빙산이 녹는다 해도 줄어든 배수량만큼 녹은 빙산물이 생겨나 그 자리를 채우므로 수위에 변화는 일어나지 않을 테니 말이다.

하지만, 과연 그렇게 간단한 문제일까? 물 1cc의 무게는 엄밀히 말해 섭씨 4℃일 때 1g이다. 여기서는 그 온도가 오차 범위일 때, 즉 물 1ℓ가 정확히 1kg이라는 전제 하에 1ℓ의 물을 얼려 수조에 넣는다고 가정하자. 물은 얼음이 되면 부피가 9% 정도 증가하게 되어 있다. 따라서 얼음이 증가한 양을 9%라 가정했을 때 1ℓ의 물이 얼음이 되면 무게는 변함없이 1kg이지만, 그 부피는 1.09ℓ가 된다. 이때 '배수량과 부력의 원리'를 적용해보면, 1kg의 얼음은 수조의 물 1kg을 배수한다. 이는 물 1ℓ에 해당하는 분량으로, 결국 얼음은 물의 부피 1ℓ만큼 가라앉는다. 그런데 앞서 계산했듯이 얼음의 부피는 1.09ℓ이므로, 가라앉은 1ℓ의 얼음을 빼면 0.09ℓ의 얼음이 수면 위에 떠 있다는 계산이 나온다. 일반적으로 컵 속에 떠 있는 얼음은 약 90%가 수면 밑에, 10%가 수면 위에 떠 있는 것이다. 이 얼음이 녹는다면 어떨까? 아무런 무게의 변동 없이 부피 1ℓ의 물로 돌아갈 뿐이다. 지금까지 배수했던 물의 양 또한 변하지 않으므로, 수위에도 변화는 일어나지 않는다.

그렇다면 바다에 떠 있는 빙산은 어떨까? 빙산이란 극지의 빙하나 대륙빙하에서 바다로 유출된 큰 얼음 덩어리로, 당연히 그 내용물은 물이다. 빙산이 대부분 뾰족한 산 모양인 것은 산골짜기의 V자형 단면을 가진 빙하에서 떨어져나와 바다로 유출되었기 때문이다. 즉 빙하는 육지에서 운반된 담수(淡水), 순수한 물이 결빙된 것이다.

반면 바닷물은 담수가 아니라 염분을 포함하고 있다. 다시 말해 1kg의 얼음이 배수하는 바닷물 1kg의 부피는 1ℓ가 아니다. 바닷물은 담수보다 무거우며 바닷물 1ℓ는 약 1.1kg에 해당하기 때문에, 배수하는 바닷물 1kg의 부피는 0.9ℓ가 된다. 따라서 바닷물에 1kg의 담수 얼음을 넣으면 0.9ℓ리터의 얼음이 해수면 아래 존재하게 된다. 앞에서도 말했듯이 1kg의 물이 얼음 상태에서는 1.09ℓ가 되므로, 1.09ℓ에서 해수면 밑 0.9ℓ를 빼면 0.19ℓ의 부피가 수면 위로 올라오는 셈이다. 결국 빙산은 컵 속 얼음과 달리 약 20%의 얼음이 해수면 위로 올라온다.

자, 이제 수위를 계산해보자. 1.09ℓ의 얼음이 녹으면 1ℓ의 물로 돌아가므로, 배수했던 해수면 밑의 0.9ℓ를 채우고 나면 0.1ℓ가 남게 된다. 즉 그만큼 수위가 상승하는 것이다. 이는 담수와 염분을 포함한 해수의 비중이 다르기 때문인데, 비중이 같은 바닷물에서 생긴 얼음이라면 바다 속에서 녹는다 해도 수위는 변하지 않는다.

그러므로 정답은 다음과 같다.

> 빙산은 담수로 이루어져 있으므로, 빙산이 녹으면 해수면의 수위는 올라간다.

4

지구는 둥글다

이번 문제 또한 지원자의 어떤 능력을 판단하고자 한 것인지, 그 배경을 생각하면서 풀어보자.

"처음으로 돌아올 수 있는 지점을 찾아라."
지구상에서 남쪽으로 1km, 동쪽으로 1km, 북쪽으로 1km 나아가면 출발한 곳으로 다시 돌아가게 되는 지점은 몇 곳이나 될까?

우선 머릿속에 지구본을 떠올려보자. 한 곳은 비교적 간단하게 떠올릴 수 있을 것이다. 바로 북극점이다. 북극점에서 남쪽으로 1km 내려간 다음, 곧바로 동쪽을 향해 1km 간다. 그리고 북쪽으로 1km 나아가면 북극점으로 다시 돌아가게 되는 것이다.

물론 북극점 외에도 조건을 만족하는 장소는 더 많이 존재한다. 이번에는 의외의 장소로 남극, 즉 남극점 부근을 생각해보자. 단, 남극

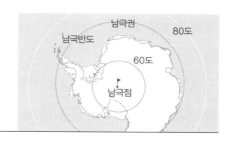

그림 4.1

점은 아니다. 남극점에서는 더 남쪽으로 갈 수 없기 때문이다.

지구가 모양은 둥글지만 엄청나게 크다는 점을 고려할 때, 남극점에서 1km 근방은 평면이라 해도 좋을 정도로 미미한 수준의 오차를 보인다. 보다 손쉬운 계산을 위해 남극점을 포함한 사방 2~3km의 평면을 머릿속에 그린 다음, 그 남극점을 중심으로 원을 그려보자. 그것이 바로 그림 4.1이다.

이 그림을 보면 남극점을 중심으로 한 원주(圓周)는 모두 동서방향을 나타내며 중심에서 원주를 향하는 반지름의 방향은 모두 북쪽이 된다. 어떤가? 이쯤에서 답을 알아차린 사람도 있을 것 같은데 말이다.

그렇다. 이 원주의 길이가 정확히 1km가 되는 위도(緯度) 상의 어느 지점을 A라 하자. 여기서 1km 북쪽으로 올라간 지점을 B라 하고 B에서 남쪽으로 1km 내려가(A) 동쪽으로 1km를 가면, 다시 처음의 A지점으로 돌아오게 된다. 그리고 A에서 1km 북쪽으로 올라가면, 그렇다. 처음의 B지점으로 돌아오게 된다. 반지름을 r이라

하면 원주의 둘레는 $2\pi r$이므로, 원주가 1km가 되는 반지름의 길이는 $1/2\pi$km가 된다. 따라서 남극점에서 북쪽으로 $(1+1/2\pi)$km 간 지점을 최초의 출발지점으로 하면, 남쪽으로 1km, 동쪽으로 1km, 북으로 1km 나아갔을 때 원래 자리로 돌아간다. 최초의 출발점이 반지름 $(1+1/2\pi)$km의 원주 상에 존재한다면, 어디를 택해도 남쪽을 향하게 되므로 결국 답은 무한대가 된다. 여기서는 설명을 돕기 위해 남극점을 중심으로 한 평면 상에서 계산했지만, 구면이라도 이 퍼즐을 만족하는 원주는 반드시 존재한다.

하지만 뜻밖에도 답을 '한 곳(북극점) + ∞'라 답한 지원자들은 합격점을 받지 못했다. 이것을 답이라고 단정 짓기는 아직 이르기 때문이다. 빌 게이츠는 좀 더 깊게 생각하길 원한다. 관점이나 발상을 바꾸어 모든 경우의 수를 추구하고자 하는 자세를 갖췄는가, 그렇지 않은가. 출제자는 그 점을 판단하고자 하는 것이다.

그렇다면 다시 생각해보자. 동쪽으로 1km 나아가 A지점으로 돌아오는 것이 꼭 한 바퀴여야 하는 것은 아니다. 1km를 두 바퀴, 세 바퀴 돌아도 상관없는 것이다. 1km를 두 바퀴 돌면 원주는 0.5km, 반지름은 $1/4\pi$km, 최초의 출발지점은 남극점을 중심으로 한 $(1+1/4\pi)$km의 원주 상에 존재하게 된다. 이처럼 n바퀴를 돌게 될 경우, 남극점으로부터 $(1+1/2n\pi)$km 간 지점이라면 어느 곳을 택해도 답이 되며, 이때 n은 무제한의 수가 된다. 최초의 출발점이 되는 지점 또한 무한대로 존재하기 때문에 결국 '∞ × ∞'라는 답을 구할 수 있다. 최종적으로 남극점 부근을 이용해 구한 '∞ × ∞'이라는 답에 '북극점'을 더해 '∞ × ∞ + 한 곳'이라고 대답한 지원자가 합격했다고 한다.

이 문제의 출제의도는 머리를 짜내어 주의 깊게 사고하고 있는지, 즉 끈기 있게 사물을 파악하려는 자질을 지니고 있는지를 판단하는 것이다. 지원자의 '사고력', '발상력', '주의력', '인내력' 등을 평가하는 문제라 할 수 있다. 자, 정답이다.

∞ × ∞ + 한 곳

5

창조할 수 있는 새로운 문제

앞에서 나온 북극점, 남극점과 관련된 새로운 문제를 풀어보자.

"북극과 남극엔 동풍이 불까, 서풍이 불까?"
북극점 또는 남극점에서는 '바람의 방향'을 어떻게 표현할까? 또한 그곳에 나침반을 놓아두면 어떻게 될까?

지구의 자전축이 지표와 교차하는 점을 북에서는 북극점, 남에서는 남극점이라고 하는데, 각각을 위도에 표시하면 적도의 0도를 기준으로 북위 90도, 남위 90도의 지점이 된다. 하지만 동서의 위치를 나타내는 경도의 경우에는 모든 경도의 종착점이 양극점이 되므로, 경도를 표현할 수 없게 되어버린다. 따라서 두 지점에는 동서방향이 없으므로, 북극점에서는 모두 남쪽에서 부는 바람, 남극점에서는 모두 북쪽에서 부는 바람이라는 식이 되어 '우리가 일반적으로 생각하

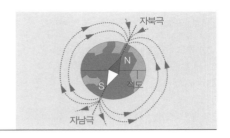

그림 5.1

는 바람은 불지 않는 것이 아닐까' 라는 의문이 든다. 만일 이게 사실이라면 기지가 없는 북극점은 별도로 치더라도, 남극점에 있는 미국의 과학기지에서는 기상관측 데이터를 분석하거나 상세한 자료를 남기기가 곤란해진다. 그래서 이 기지에서는 편의상 바람의 방향을 설정해둔다. 예컨대 경도 0도를 북, 경도 180도를 남, 중간의 90도를 각각 동, 서로 하고 180도 방향에서 부는 바람은 남쪽 바람이라고 표현하는 것이다.

지구는 커다란 자석으로, 그 자력선이 남극점에서 나와 북극점으로 들어간다는 것은 누구나 아는 사실이다. 따라서 북극점에서 입체적으로 자유 회전하는 자침을 실에 꿰어 매달면 북을 가리키는 N극이 바로 아래의 지표를 가리킬 것이라는 답과, 수평을 유지하는 보통 나침반이라면 방향을 정하지 못하고 빙글빙글 회전할 것이라는 답을 예상할 수 있다.

지구가 왜 자석으로 되어 있는지를 파악하는 것이야말로 이 문제의 정답을 도출하는 데 중요한 부분을 차지한다. 자석화의 원리는 아직 현대과학으로도 명확하게 해명된 바 없지만, '다이너모 이론 Dynamo theory'이 가장 유력한 학설로 인정받고 있다. 이는 1920년 라모 Joseph Larmor가 태양자기장을 설명하기 위해 처음 제창한 것으로, 지구 외핵의 유체운동이 외부 자기장의 영향을 받아 유도전류를 형성하고, 이 유도전류가 지구 회전축을 따라 자기장을 만든다는 이론이다. 그 자기장이 지표에 집중된 지점이 각각 '자북극(磁北極)'과 '자남극(磁南極)'이다. 양 자극은 지구의 자전이 원인이므로 자연스럽게 자전축이 있는 남과 북에 위치한다. 단, 지리학적 극점에 불과한 북극점과 남극점과는 완전히 일치하지는 않는다. 또한 이들은 지구를 사이에 두고 대칭 위치에 있지 않으며, 매일 이동하여 해마다 무려 10km 이상 움직인다. 2009년 자료에 따르면, '자북극'은 북위 84.9도·서경 131.0도, '자남극'은 남위 64.4도·동경 137.4도라 한다. '자남극'은 남극점에서 북쪽으로 상당히 벗어나 있는 것을 알 수 있다.

나침반이 가리키는 북쪽은 분명히 북쪽 방향이지만, 정확하게는 북극점이 아니라 매일 이동하고 있는 이 자북극을 가리킨다. 따라서 자북극에 입체 회전할 수 있는 자침을 놓으면 자침의 N극North이 바로 아래를 가리키며 수직이 되고, 자남극에서는 S극South이 바로 아래를 가리키게 된다. 만약 자북극에 보통의 수평 나침반을 놓아두면

N극의 자침이 바로 밑을 가리키려 하기 때문에 수직방향으로 흔들릴 수 있는 한계까지 흔들리다가 멈추게 된다.

이야기가 여기까지 진행되었다면 나침반의 문제에 대한 답도 쉽게 풀 수 있을 것이다. 다시 말해 북극점에 나침반을 놓으면 N극이 북극점보다 훨씬 떨어져 있는 '자북극' 방향을 가리키고, 남극점에 놓아도 동일하게 그 S극이 남극점이 아닌 '자남극' 방향을 가리킨다. 양자극의 위치는 매일 바뀌고 있으므로 그 위도, 경도의 수치까지 답할 필요는 없을 것이다. 자, 정답이다.

관측기지가 있는 남극점에서는 편의상 바람의 방향을 설정하고 있다. 또한 북극점에 나침반을 놓으면 N극이 '자북극' 방향을 가리키고, 남극점에 놓으면 S극이 '자남극' 방향을 가리킨다(바로 밑은 가리키지 않는다).

6

편의성까지 고려한 독특한 발상

"블라인드의 리모트 컨트롤을 설계하시오."

면접에서 갑자기 이런 질문을 받는다면 뭐라고 대답하겠는가? 질문 자체에 단서가 존재하면 더할 나위 없이 좋겠지만 이런 문제에서는 힌트를 찾기가 좀처럼 쉽지 않다. 게다가 개인마다 각기 다른 관점에서 답을 써낼 것이므로 정답을 하나만 고를 수도 없다.

자, 이제 본격적으로 문제를 풀어보자. 리모트 컨트롤remote control은 절대 블라인드의 기능과 분리될 수 없다는 점을 고려할 때, 블라인드의 현재 기능과 지금은 없지만 추가되면 편리한 기능을 모두 포함시키는 것이 정답의 포인트다.

그렇다면 블라인드의 기능으로는 무엇이 있을까? 가장 기본적인 것은 블라인드를 열고 닫는 것과 날개의 각도를 바꾸는 것이다. 따라서 리모트 컨트롤에는 블라인드의 개폐용 스위치와 날개의 각도를 조정하는 장치가 필요하다.

다음으로 고려할 수 있는 것은 타이머다. 이때 '아침 6시 30분에는 블라인드를 완전히 열고 정오에서 오후 5시까지는 60도로, 저녁 7시 20분까지는 30도로, 그 이후는 완전히 닫는다'는 식의 시간 예약은 현실적으로 거의 의미가 없다. 실내에 들어오는 빛의 양이나 열의 강도는 계절이나 그날의 날씨에 따라 달라지기 때문이다. 본질은 시간이 아니라 '빛의 양'을 조정하는 것이다. 자, 이쯤 되면 뭐가 떠오르지 않는가? 그렇다. 바로 '센서'다.

일반적으로 현관 조명에는 사람에게서 나오는 적외선을 감지해 자동으로 불이 켜지는 센서를 사용한다. 이와 마찬가지로 태양광에 반응하는 센서를 블라인드에 달면 어떨까? 블라인드에 빛의 양을 감지하는 센서가 달려 있다면, 리모트 컨트롤에 센서의 반응도를 조절하는 기능을 추가해 블라인드 날개의 각도를 조정할 수 있을 것이다.

여기까지 생각했다면, 이제부터는 좀 더 새로운 기능을 떠올려보자. 지금까지 내놓은 기능은 모두 버튼을 조작해야 하는 것이다. 상황에 따라 그 장소에 있는 사람이 리모트 컨트롤에 직접 입력해야 한다는 의미다. 아무도 없는 상태에서 블라인드를 여닫거나 날개의 각도를 조정하려면 어떻게 해야 할까? 이때는 조건부 프로그램을 담을 수 있는 리모트 컨트롤을 개발하면 된다. 외출이나 여행처럼 집을 비울 때를 대비해 휴대전화로 지시를 내리는 기능도 추가할 수 있다.

여기까지 생각했다면, 출제자가 원하는 창의적인 발상이나 기발한 아이디어는 물론, 편의성이나 소프트웨어 개발까지 고려한 바람직한 답변이 될 것이다. 훌륭한 답변은 얼마든지 나올 수 있으므로 그중 하나를 소개한다.

가장 먼저 블라인드의 개폐 스위치와 날개의 각도를 조절할 수 있는 장치를 설계한다. 그다음 상황에 따라 시간이나 빛의 양을 조정할 수 있는 조건부 프로그램을 담고, 그것을 휴대전화로 지시하는 기능까지 추가한다.

7

인간의 맹점, 이런 곳에도?

"어떤 것이 내 방의 스위치인가?"

신축한 집 현관에 전등 스위치 3개가 부착되어 있는데, 이는 각각 3개의 방과 연결되어 있다. 현관에서는 방의 전등이 보이지 않으며, 각각의 방에서도 다른 방의 전등은 보이지 않는다. 어느 방이 됐든 한 번 가보는 것만으로 그 방의 스위치가 어느 것인지 맞히려면 어떻게 해야 할까?

이것은 불이 켜져 있는지의 여부로 방의 스위치를 구분하는 문제다. 2개의 전등과 2개의 스위치로 이루어져 있다면 문제는 간단하다. 하지만 문제는 방이 3개이며, 그 방과 연결된 3개의 스위치 중 하나를 찾아야 한다는 것이다. 모든 스위치를 끈 상태에서는 방으로 가도 아무것도 알 수 없으며, 어느 것이든 하나의 스위치를 켤 경우 들어간 방의 불이 켜질 확률은 1/3이다. 한 번에 2개 혹은 3개의 스위치를 켜더라도 그중 하나를 특정한 방의 스위치라고 단정할 수는 없다.

그러나 문제를 다음과 같이 바꾸어보면 좀 더 쉽게 정답을 알 수 있을 것이다.

"방에 들어가면 3개의 스위치가 있는데, 그중 하나가 그 방의 스위치다. 스위치를 한 번만 조작해 그 방의 스위치가 무엇인지 맞혀라."

그러고는 관점을 바꿔 문제를 스위치가 아니라 전등의 관점에서 생각해보라. 이는 전등에 불이 들어왔는지의 여부, 즉 'ON'과 'OFF'라는 두 가지 식별자만으로 3개의 스위치를 구분하라는 의미가 된다. 이때 대부분의 사람들이 식별자가 하나 더 있어야 이 문제를 풀 수 있다고 생각하는데, 이는 성급한 생각이다.

좀 더 깊게 생각해보자. 'ON'과 'OFF'라는 두 가지 식별자만으로 부족하다면 다른 식별자를 우리가 만들어낼 수는 없을까? 만일 스위치가 빛의 양을 조절할 수 있는 것이라면 어떨까? 스위치 중 하나는 끄고 다른 하나는 켠다. 하나는 중간 상태로 켜둔다. 이때 전등의 밝기를 보면 해당 스위치가 무엇인지 간단히 알 수 있다. 물론 문제에는 빛을 조절하는 스위치라는 조건이 없으므로, 답이 될 수는 없지만.

하지만 이러한 사고방식은 결정적인 단서가 된다. 3개 중 하나의 스위치를 'ON'도 'OFF'도 아닌 '중간' 상태로 만들면 문제를 풀 수 있기 때문이다.

이것이 바로 사고의 유연성을 시험하려는 출제자의 의도다. 인간이 무언가를 식별할 때 시각뿐 아니라 오감을 모두 활용할 수 있다는 사실을 문제에 응용할 수 있는지 판단하려는 것이다.

당신은 이 문제를 통해 어려운 상황을 해결하기 위해서는 하나에 얽매이지 않는 폭넓은 사고가 중요하다는 사실을 실감할 수 있을 것이다. 자, 정답이다.

3개의 스위치를 각각 A, B, C라 하자. 우선 A를 켜고 B와 C는 끄둔다. 5~6분 정도 시간이 지나면 A를 끄고 B를 켠다. 그리고 바로 아무 방이나 들어간다. 불이 켜져 있으면 그 방의 스위치는 B이고, 불이 꺼져 있고 전등이 차가우면 C, 불이 꺼져 있고 전등이 따뜻하면 A다. 물론 처음 들어간 방에서 나머지 방으로 계속 가보면 다시 스위치를 조작하지 않고도 모두 알아낼 수 있다.

8

극단적인 경우에 기지를 발휘하라

"이기려면 어디에 동전을 놓아야 하는가?"

아무것도 놓여 있지 않은 사각형의 테이블이 있다. 게임의 인원은 2명이다. 2명 모두 자신이 원하는 곳에 번갈아가며 100원짜리 동전을 놓는다. 동전은 얼마든지 사용해도 좋지만, 자신의 동전이 테이블 위의 다른 동전과 닿아서는 안 된다. 결국 다른 동전을 건드리지 않고는 더 이상 새로운 동전을 놓을 수 없는 사람이 지는 게임이다. 당신이 먼저 동전을 놓는다면 어떠한 전략을 취할 것인가?

게임은 테이블 위에 더 이상 동전을 올려놓을 수 없는 순간 끝이 난다. 따라서 승부가 날 때까지 몇십 수, 몇백 수를 둬야 할지 좀처럼 짐작하기 어렵다. 먼저 동전을 놓는다고 해서 반드시 게임을 이기리라는 보장도 없다. 하지만 문제에서 먼저 공격하는 방법을 물은 데는 분명 이유가 있을 것이다.

자, 이제 문제를 풀어보자. 때로는 극단적인 상황이 문제를 푸는 실마리가 되기도 한다.

100원짜리 동전과 바둑판

그림 8.1

　일반적으로 테이블이라고 하면 누구나 평소 사용하는 테이블을 떠올릴 것이다. 100원짜리 동전은 테이블보다 훨씬 작으므로, 그저 넓은 공간에 가득 놓인 무수한 100원짜리 동전, 즉 수많은 경우의 수를 연상하게 되는 것이다. 하지만 문제에서는 테이블의 크기에 대해 아무런 언급도 하지 않았다. 따라서 가능한 한 놓을 수 있는 동전의 수가 적은, 대단히 작은 크기의 테이블을 상상해보자(이때 이해를 돕기 위해 테이블에 바둑판 선을 그려보자. 동전이 바둑판 선을 넘지 않으면 다른 동전에 닿아서는 안 된다는 조건을 쉽게 충족할 수 있다).

　동전을 2개까지 놓을 수 없는 테이블, 다시 말해 1개만 놓을 수 있는 아주 작은 테이블에서는 당연히 먼저 동전을 놓는 사람이 승리한

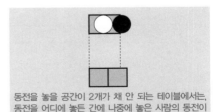

동전을 놓을 공간이 2개가 채 안 되는 테이블에서는, 동전을 어디에 놓든 간에 나중에 놓은 사람의 동전이 테이블 밖으로 비어져 나온다.

그림 8.2

실패예찬과 창조력

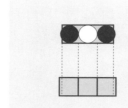

동전을 놓을 공간이 3개가 채 안 되는 테이블에서는,
먼저 동전을 한가운데에 놓으면 상대가 동전을 어디에
놓아도 비어져 나온다.

그림 8.3

다. 이번엔 동전을 2개까지는 놓을 수 있지만 3개는 놓을 수 없는,
가로로 조금 긴 테이블을 상상해보자. 이는 바둑판의 칸이 3개에 못
미친다는 의미로, 첫수를 놓으면 양끝에 남는 공간을 최소화할 수 있
다. 다시 말해 바둑판의 한가운데, 즉 테이블의 중심에 동전을 놓으
면 나머지 칸들에 온전히 하나의 동전을 놓을 수 없으므로, 먼저 동
전을 놓는 사람이 반드시 승리하게 된다(그림 8.3).

이 원리를 토대로 생각하면 문제는 간단해진다. 동전을 일렬로 늘
어놓는 테이블의 길이가 아무리 길어도, 먼저 동전을 테이블 중심에
놓는 한 양쪽에 같은 면적의 공간이 남는다. 그 한쪽 공간 어딘가에
상대가 동전을 놓는다면, 중심을 끼고 그 선대칭이 되는 정반대 지

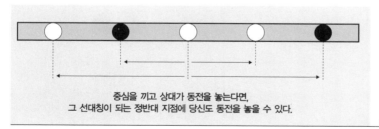

중심을 끼고 상대가 동전을 놓는다면,
그 선대칭이 되는 정반대 지점에 당신도 동전을 놓을 수 있다.

그림 8.4

점에 동전을 놓아라. 이 전략대로라면 상대가 동전을 놓는 한 당신도 동전을 놓을 수 있기 때문에 반드시 당신이 이기게 된다.

지금까지 일렬로 동전을 늘어놓는 가로로 긴 테이블의 경우를 살펴보았는데, 폭이 넓은 테이블 또한 테이블 중심을 점대칭으로 하여 같은 전략을 구사한다면 똑같은 결과를 얻을 수 있다.

이 문제를 출제한 의도는 선입견을 버리고 다양한 관점에서 생각하는 능력을 판단하려는 것이다. 게임의 전략이 '나 – 상대 – 나'에서 끝나야 한다는 걸 파악했다면, 테이블에 놓을 수 있는 동전의 개수를 '홀수'로 만들어야 한다는 데 곧장 생각이 미칠 것이다. 홀수를 만드는 가장 간단한 방법은 테이블의 중심에 동전을 놓는 것이다. 만일 문제를 푸는 도중 이를 떠올렸다면, 극단적인 상황까지 가정할 필요도 없이 바로 답이 나온다. 자, 정답을 소개한다.

먼저 100원짜리 동전을 테이블 중심에 놓는다. 그다음에는 상대가 동전을 놓을 때마다 테이블 중심을 끼고 점대칭이 되는 정반대 위치에 동전을 놓으면 된다.

9

스피디한 승부를 연출하는 논리적 사고

"몇 번의 시합을 치러야 하는가?"

총 127명이 참가한 테니스 토너먼트가 진행된다. 우선 126명이 63번의 시합을 치르고 나머지 1명은 부전승으로 올라간다. 2회전에서는 64명이 각각 32번의 시합을 치른다. 우승자가 결정될 때까지 모두 몇 번의 시합을 치러야 할까?

이 문제를 읽고 난 여러분은 아마도 하나같이 다음과 같은 의문을 느꼈을 것이다.

"지금까지 낸 문제에 비해 너무 간단하지 않은가. 머리를 짜내야 하는 다른 문제들과 달리 단순한 계산만으로 풀 수 있다. 이것이 정말 MS사에서 낸 문제일까? 쉽게 눈치챌 수 없는 함정이 어딘가 숨어 있진 않을까?"

그러나 아무리 들여다보아도 간단히 계산만 하면 풀 수 있는 문제다. 우선 순서대로 계산해보자. 문제에 나온 대로 1회전에서 126명이 63번의 시합을 치르고 2회전과 3회전이 계속 진행되면, 표 9.1과

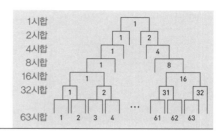

표 9.1

같이 토너먼트가 진행된다. 2회전은 부전승까지 포함해 32번의 시합, 3회전은 그 절반인 16번의 시합, 그리고 시합은 8번, 4번, 2번, 한 번으로 이어진다. 따라서 모든 시합의 수를 더하면 '63+32+16+8+4+2+1=126'으로 간단하게 답을 구할 수 있다.

그렇다면 이쯤에서 '이 문제의 출제 의도는 대체 무엇인가?'라는 의문이 고개를 든다. 사실 이 문제는 MS사가 낸 문제가 아니라 빌 게이츠의 대선배이자 스승이라 할 수 있는 윌리엄 쇼클리William Bradford Shockley 박사가 낸 문제다. 쇼클리 박사는 미국의 물리학자이자 트랜지스터의 발명가로 1957년 실리콘밸리에 연구소를 개설하면서 인재를 모집했는데, 그때 면접에서 이 질문을 던졌다고 한다.

그렇다면 그는 어째서 이렇게 쉬운 문제를 낸 것일까? '옛날에는 면접으로 지능검사와 비슷한 수준의 문제를 출제했을 것이다', '문제가 일반인들에게 알려질 것을 예상하고 난이도가 낮은 문제를 내서 가능한 한 많은 사람들이 지원하게끔 했다' 등등 다양한 이유를 추측할 수 있다.

하지만 능력이 뛰어난 인재를 채용하는 것이 본래의 목적임을 생각해보면, 이러한 추측은 모두 본질에서 벗어나 있다. 실제로 이 문제를 알린 지원자 또한 스탠퍼드 대학에서 박사학위를 취득할 정도로 명석한 두뇌의 소유자였다고 한다. 이 문제의 핵심은 바로 문제를 푸는 속도에 있다. 쇼클리는 면접 당시 주머니 속에 스톱워치를 몰래 숨기고 지원자가 답변하는 시간을 초단위로 계산했다고 한다.

이 이야기를 듣고 나면 사람들은 대개 '뭐야, 계산 문제잖아'라고 생각한다. 문제의 포인트를 '물리적인 계산속도'로 받아들이는 것이다. 하지만 이 경우 속도는 어디까지나 부가적인 것일 뿐, 진짜 출제 의도는 전혀 다른 데 있다. 지금 이 문제를 1,999명의 토너먼트로 바꾸어 출제한다면 당신은 어떻게 할 것인가? 이 문제 역시 '1회전은 1998÷2, 2회전은 부전승을 포함해 1000÷2인 500…'이라는 식으로 풀어나갈 수 있지만, 그만큼 계산하는 데 시간이 소요된다.

그러나 쇼클리 박사의 연구소에 지원한 어느 청년은 정답을 말하는 데 3초도 걸리지 않았다. 확실한 논리logic를 알고 있었기 때문이다. 이 논리를 알고 있으면, 대상이 1,999명이든 99만 999명이든 수천만 명이든 문제를 푸는 데 2초도 걸리지 않는다. 사실 이 문제를 출제한 의도는 이 논리를 알고 있는지의 여부를 테스트하는 것이다.

쇼클리 박사는 젊은이가 즉시 정답을 말하자, 못마땅한 듯이 "혹시 이 문제를 들은 적이 있나? 어떻게 계산을 했지?"라고 퉁명스럽게 물었다고 한다. 그러자 청년은 이렇게 답했다.

"선수 1명이 떨어지려면 한 번의 시합이 필요하기 때문에, 승자 1명이 남으려면 126명의 선수가 시합에서 져야 합니다. 따라서 총 126번 시합을 하게 되는 것이죠."

이 답변을 들은 쇼클리는 좋아하기는커녕 오히려 화가 난 것처럼 얼굴을 붉히며 이렇게 말했다고 한다.

"내가 푼 방법과 같군."

청년은 그의 표정을 보고 떨어졌다고 생각하며 집으로 돌아갔는데, 얼마 지나지 않아 합격 통지서를 받았다고 한다. 쇼클리 박사의 행동을 보건대 그가 괴짜임은 분명해 보이지만, 그렇게 독특한 성격이 그를 트랜지스터를 발명한 위대한 물리학자로 만든 것은 아니었을까?

이 문제에서는 승자보다는 패자, 즉 '숨어 있는 것'에 초점을 맞추면 문제를 푸는 속도가 완전히 달라진다는 것을 알 수 있다. 그러면, 정답이다.

> 선수 1명이 떨어지려면 한 번의 시합이 필요하다. 따라서 승자가 1명 남는다는 것은 126명이 져야 한다는 결론이므로, 우승이 결정될 때까지 126번의 시합을 치러야 한다.

예지력과 결단력

Winner's
BrainWork
in Puzzle

● ●

기회가 주어지지 않는 사람은 아무도 없다. 성공하지 못하는 이유는 기회를 자신의 것으로 만들지 못했기 때문이다. **- 앤드류 카네기**

● ●
● ●

기회는 자주 오지 않는다

지금부터 100년도 더 전인 1908년에 있었던 이야기다. 가난한 고학생이었던 나폴레온 힐Napoleon Hill은 대학 등록금을 마련하기 위해 잡지사에서 임시로 일하고 있었다. 그가 맡은 일은 성공한 사람을 만나 인터뷰하고 기사를 쓰는 것이었는데, 인터뷰 대상 중에는 미국의 철강왕 앤드류 카네기도 포함돼 있었다. 당시 73세였던 카네기는 세계 최고의 부호이자, 가난한 사람들을 돕는 데 3억 5,000달러(오늘날 화폐 가치로는 약 66억 달러)라는 엄청난 금액을 기부한 자선사업가였다.

처음에는 사무실에서 3시간 동안 인터뷰를 하는 일정이었는데, 카네기는 청년에게 무엇을 느꼈는지 그를 집으로 초대하면서까지 자신이 살아온 인생에 대해 상세히 들려주었다. 그러고는 다음과 같은 제안을 해왔다.

"인간이 자신의 재산을 끌어안고 세상을 떠나는 것처럼 불명예스러운 일은 없네. 부유한 사람은 자신의 부를 사회가 좀 더 풍요로워지는 데 써야 할 의무가 있어. 나는 죽기 전에 전 재산을 사회에 환원할 생각이라네. 지금까지도 사람들을 돕는 일에 많은 돈을 써왔지만, 그것만으로는 충분치 않아. 가장 가치 있는 나의 재산은 내가 부를 축적한 방법, 다시 말해 누구나 풍요롭고 행복한 인생을 살 수 있는 비결일세. 나는 무엇보다도 그 노하우를 세상 사람들에게 남기고 싶다네. 자, 자네에게 제안을 하나 하지. 500명 정도 되는 사람들을 만나 인터뷰한 다음, 그들이 어떻게 성공했는지를 정리할 수 있겠나? 지난 사흘 동안 들려준 내 이야기를 포함해서 말이지. 물론 자네가 인터뷰해야 할 사람에게는 소개장을 써주겠네. 그들이 성공할 수 있었던 이유를 정리하려면 20년 정도가 걸릴 걸세. 이제 자네가 이 일을 할 마음이 있는지 없는지만 답해주게나."

갑작스런 제안을 받은 힐은 무엇보다 왜 그토록 오랜 시간이 필요한지 의아했지만, 주저하지 않고 "예, 제게 맡겨주십시오."라고 대답했다. 그런데 카네기의 다음 말은 더더욱 황당한 것이었다.

"좋아. 자네라면 분명 해낼 수 있을 걸세. 꼭 해주게. 단, 자네에게 금전적인 지원은 전혀 하지 않을 걸세. 그래도 괜찮겠나?"

'20년 동안이나 무보수로 일하라고? 하지만 사회에 그토록 많은 돈을 기부한 사람이 아무 이유도 없이 구두쇠처럼 굴 이유가 없잖아?' 여러 생각이 머릿속을 스치고 지나갔지만, 그는 다시 그러겠노라고 대답했다. 그러자 카네기는 주머니에서 스톱워치를 꺼내며 이렇게 말했다.

"29초. 자네가 대답하기까지 정확히 29초가 걸렸네. 만일 1분을 넘겼다면 자네를 그저 그런 청년으로 여기고 제안을 철회했을 걸세. 이런 결단을 1분 안에 내리지 못하는 사람이라면 뭘 시켜도 결과가 시원치 않은 법이거든."

나중에 알게 된 사실이지만, 이 제안을 거절하거나 1분 안에 대답하지 못한 사람이 힐 이전에도 200명이나 있었다고 한다.

왜 카네기는 금전적으로 지원하지 않겠다고 했을까? 세계적인 대부호가 보증하는 일이라면 누구든 앞뒤 가리지 않고 달려들기 마련이다. 그러나 그는 무보수로 할 사람이 아니면, 이 정도 큰일을 끝까지 해내지 못할 거라고 생각했다. 이것이 카네기의 진의이자 결단력이다. 결단력이 없는 사람은 설령 결심을 내린다 해도 행동으로 옮기는 것이 더디기 마련이다.

그렇다면 20년이라는 긴 시간을 설정한 이유는 무엇일까? 조사 대상자의 수가 무려 500명이 넘긴 하지만 20년은 조금 길다는 생각이 든다. 이에 관한 카네기의 말이다.

예지력과 결단력

"도서관에 가면 이미 크게 성공한 사람들의 성공담은 얼마든지 찾아볼 수 있지. 그것도 그 나름대로 나쁘진 않다고 생각하네. 다만 나는 한 사람이 성공을 거두는 과정을 꼼꼼하게 관찰해주길 바라네. 내가 소개하는 이들 중에는 아직 미흡해 보이는 사람도 많겠지만, 그들은 반드시 성공할 걸세. 20년 동안 인내심을 갖고 그들을 지켜보면서 어떤 경우에 실패하고 어떤 경우에 성공하는지를 상세히 분석해주면 좋겠네."

카네기가 소개한 이들의 대부분은 아직 성공하지 못한 사람들로, 그들의 성공을 보기까지는 오랜 세월을 기다려야 했다. 실제로 이 500명 중에는 당시 세상에 알려지지 않았던 포드 자동차의 창업자인 헨리 포드Henry Ford도 포함되어 있었다. 힐이 이틀에 걸쳐 수소문해 포드의 거처를 찾아냈을 때, 그는 한창 자동차 실험에 열중해 있었다. 포드는 30분 동안 나눈 인터뷰에서 그다지 많은 이야기를 하지 않았고 힐의 질문에 짤막히 답할 뿐이었다. 힐은 '이 남자는 장차 어떤 분야에서도 리더가 되긴 힘들겠어. 카네기처럼 위대한 인물도 사람을 잘못 보는 경우가 있군' 하고 생각했다고 한다.

그러나 20년 후, 그는 카네기의 예측처럼 세계적인 포드제국을 건설해냈다.

훗날 힐이 심혈을 기울여 분석한 507인의 성공 노하우는 《놓치고 싶지 않은 나의 꿈 나의 인생Think and Grow Rich》이라는 책으로 출간되었다. 무보수로 시작했지만 오랜 세월 끝에 작업은 빛을 보았고, 사람들의 열렬한 관심 속에 많은 기업과 대학의 커리큘럼으로 쓰였다. 나폴레온 힐 또한 루스벨트Franklin Roosevelt 대통령과 윌슨Thomas Wilson 대통령의 보좌관에까지 오르며 당당히 대부호의 대열에 서게 되었다. 카네기는 이것까지도 예상해 금전적 지원을 하지 않은 것이다.

　카네기의 어린 시절을 잠시 살펴보자. 그는 지독히도 가난한 환경에서 자라났다. 베틀 하나로 간신히 생계를 꾸리던 카네기의 집은 산업화와 더불어 근근히 이어오던 일거리마저 잃게 된다. 카네기 또한 학교도 가지 못하고 전보배달을 하며 생계를 도왔다. 그러다 우체국에서 어깨 너머로 배운 모스 부호를 바탕으로 전신기사로 취직했고, 나중에는 이 경력을 살려 철도회사의 비서로 스카우트된다. 당시 그의 나이는 고작 17세에 불과했다. 그 후 남북전쟁 등으로 철의 수요가 증가하자, 철도사업이 더욱 크게 발전할 것을 예견한 카네기는 동업자와 함께 은행에서 돈을 빌려 레일과 기관차 등을 제조하는 회사를 세운다. 또한 그때까지 나무로 만들었던 다리가 철제로 바뀔 것을 예상하고 교량 제작소를 세우는 등, 계속해서 새로운 사업에 도전한다. 그의 예견은 빗나가지 않았다. 이 모든 성공이 그가 24세에서 31세가 될 때까지 일군 것들이다. 결국 카네기는 새로운 용광로를 제작해 세계 최대 철강회사를 경영하게 된다.

"기회가 주어지지 않는 사람은 아무도 없다. 성공하지 못하는 이유는 기회를 자신의 것으로 만들지 못했기 때문이다."

카네기의 말이다. 이 책을 읽는 당신 또한 미래를 예측한 후 과감히 결단을 내리고 도전하는 것이야말로, 성공의 열쇠임을 실감할 수 있을 것이다. 실패를 두려워하지 않고 새로운 일에 도전하는 자세가 성공을 낳는 것처럼, 문제를 풀 수 있든 풀 수 없든 섣불리 정답봉투를 열어보지 않고 직접 생각하는 시간을 갖는 것 또한 중요하다.

10

무작정 덤비기 전에 큰 그림을 그려라

"2개의 모래시계로 시간을 측정하라."

5분짜리와 7분짜리 모래시계가 있다. 이 2개의 모래시계를 이용해 11분과 13분을 측정하려면 어떻게 해야 할까? 또 11분과 13분 외에 8분에서 19분까지 매 분을 측정하려면 어떻게 해야 할까? 단, 모래가 흘러내리는 중간부터 시간을 측정해도 좋다.

처음 이 문제를 접하면 누구든 모래시계를 뒤집는 모습을 상상할 것이다. 그리고 가장 먼저 그림 10.1과 그림 10.2의 방법을 떠올릴 것이다. 9분까지 도달한 후 그림 10.1의 A단계를 반복하면, 2분 간격으로 시간을 잴 수 있으므로 11분, 13분, 15분, 17분, 19분을 측정할 수 있다. 나머지 8분, 10분, 12분, 14분, 16분에 관해서는 뒤에서 다시 살펴보자. 이 방법으로는 11분, 13분, 15분, 17분, 19분을 쉽게 측정할 수 있다. 그러나 여기서 만족하면 함정에 빠지기 쉽다. 이런 문제는 식을 이용해야 놓치는 부분 없이 완벽한 답을 도출해낼 수 있다.

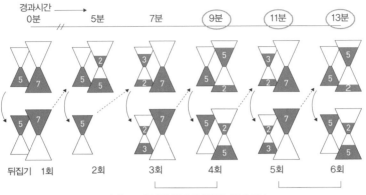

단계 A : 이를 반복하면 2분씩 증가하게 된다

그림 10.1

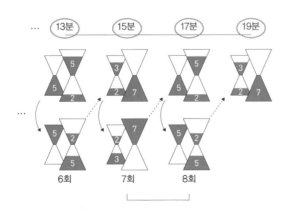

그림 10.2

우선 식을 이용해 원하는 시간을 만들어보자. 5와 7, 2개의 수를 이용해 덧셈과 뺄셈을 한다. 처음 덧셈을 이용하면 '5+5=10', '5+7=12', '7+7=14', '5+5+5=15', '5+5+7=17', '5+7+7=19'를 만들 수 있으므로, 5분짜리 모래시계와 7분짜리 모래시계를 이 식에 따라 순서대로 뒤집어나가면 명쾌하게 10분, 12분, 14분, 15분, 17분, 19분을 측정할 수 있다. 이때 15분, 17분, 19분은 모래시계를 3번 뒤집어 잴 수 있지만, 그림 10.2의 방법대로라면 각각 6번, 7번, 8번씩 뒤집어야 한다.

다음은 5와 7의 뺄셈으로 만들어지는 양수(0보다 큰 수)를 생각해보자. 우선 7-5=2에서 2가 나온다. 2를 이용해 새롭게 3(5-2)을, 또 3을 이용해 4(7-3)를, 그리고 다시 1(4-3)도 만들 수 있다. 실제 이 수들은 2개의 모래시계를 동시에 혹은 번갈아가며 뒤집어 시계의 위나 아래에 있는 모래의 양으로 만들어낼 수 있는 것이다. 따라서 이렇게 나온 1, 2, 3, 4를 이용하면 이미 앞에서 덧셈을 이용해 만든 수와 함께 그 어떤 수도 만들 수 있다.

그러나 뺄셈식에서 볼 수 있듯 우선 2를 만든 다음 3을, 4는 3을 만들고 나서, 1은 4를 만들고 난 후에야 만들 수 있으므로 이들을 도출하려면 순서를 따라야 한다. 갑자기 5분짜리 모래시계를 2번 뒤집어 '5+5+1'과 같은 형태로 11을 만들 수는 없지 않은가.

우선 '7-5=2'에서 만들어진 2부터 시작하자. 이 식으로 알 수 있

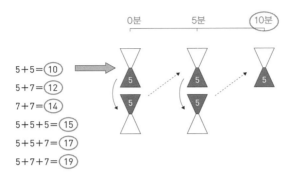

5+5=⑩
5+7=⑫
7+7=⑭
5+5+5=⑮
5+5+7=⑰
5+7+7=⑲

12분, 14분, 15분, 17분, 19분은 5+7=12, 7+7=14, 5+5+5=15, 5+5+7=17.
5+7+7=19와 같이 각각의 모래시계를 단독으로 번갈아가며 뒤집어 측량한다.

그림 10.3

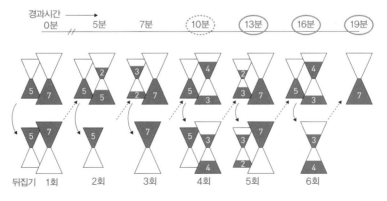

그림 10.4

는 사실은, 7이 2와 5로 분할되어 있으며 5(5분짜리 모래시계)는 처음 상태를 의미한다는 것이다. 따라서 이 5에 2를 순서대로 반복해 더해 나가면 7, 9, 11, 13, 15, 17, 19가 생긴다(이것은 앞에서 언급한 그림 10.1, 그림 10.2와 같다). 3은 5-2의 결과로 만들어지므로 처음 상태의 7에 이 3을 반복해 더해 나가면, 결과적으로 그림 10.4처럼 10, 13, 16, 19를 만들 수 있다.

다시 4를 만들기 위해서는 '7-5=2, 5-2=3, 7-3=4'라는 3단계가 필요한데, 다시 말해 모래시계를 3번 뒤집어야만 만들 수 있다는 의미다. 이해를 돕기 위해 그림으로 나타낸 것이 그림 10.5이며 4는 10분에 도달한 지점에서 만들어진다. 그러므로 이 10에 4를 계속 더해 나가면 14, 18을 만들 수 있다.

마지막으로 1을 만들 수 있는 것은 4-3=1과 같이 4를 만들고 난 다음이므로 4번의 뒤집기가 필요하다. 그림 10.6처럼 14분에 도달한 위치다. 그다음 8(1+7)을 만들 수 있는데 처음 측정을 시작해 '22분(14+8)'이 지난 후에야 측정할 수 있다(그림 10.6).

한편, 5와 7을 이용한 '차이'라는 것을 염두에 두고, 아래와 같은 공식을 이용해 1, 2, 3, 4를 도출하고 순서대로 더해 목적의 수를 만들어 가는 방법도 있다.

1=5×3-7×2(5분짜리 모래시계 3회와 7분짜리 모래시계 2회 뒤집기의 차)

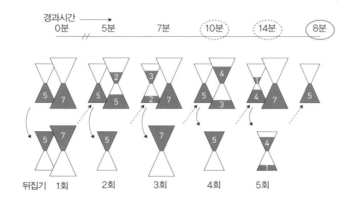

그림 10.5

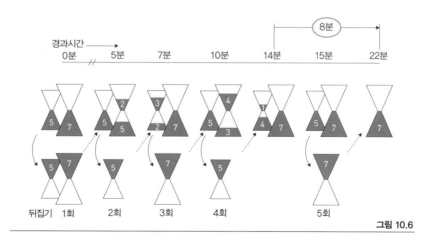

그림 10.6

2=7-5(5분짜리 모래시계와 7분짜리 모래시계 각각 1회 뒤집기의 차)

3=5×2-7(5분짜리 모래시계 뒤집기 2회와 7분짜리 모래시계의 차)

4=7×2-5×2(5분짜리 모래시계와 7분짜리 모래시계 각각 2회 뒤집기의 차)

이 질문은 내가 고안한 것으로, 이러한 유형의 문제는 식을 세워 문제를 해결하면 간단하고 명쾌하게 풀 수 있다. 자칫 질문에 현혹되어 구체적인 값부터 구하다가는 문제의 본질을 놓칠 수 있으므로, 먼저 전체적인 그림을 파악하는 것이 중요하다. 자, 정답이다. 단, 문장으로 설명하면 길어지므로 본문의 그림을 참고하자.

그림 10.1~그림 10.5에 나오는 실선 동그라미가 정답이다(점선은 10.3과 실질적으로 동일). 또 8분은 모래시계의 뒤집기를 시작한 시점에서는 잴 수 없지만, 그림 10.6처럼 모래시계를 뒤집는 도중에 재기 시작하면 시간을 알 수 있다.

11

모든 것에는 이유가 있다

"맨홀의 뚜껑은 왜 둥글까?"

이는 주변에서 흔히 볼 수 있는 친숙한 대상이지만 대다수가 깊게 생각한 적이 없는 사물에 관한 문제로, MS사의 면접 중 가장 널리 알려진 문제 중 하나다. 출제자의 의도는 세상의 모든 물건에는 나름대로의 존재 이유가 있다는 사실을 지원자가 알고 있는지, 평소 주변 사물에 얼마나 주의를 기울이고 있는지를 판단하려는 것이다.

도로나 보도에 설치된 맨홀은 지하에 매장된 하수도관, 오수관, 전기·전화선 등의 수납관을 점검하고 수리하기 위해 사람man이 들어가는 구멍hole이라는 의미에서 붙여진 이름이다. 맨홀 뚜껑이 단순히 구멍을 덮는 용도라면, 뚜껑의 모양이 삼각형이든 사각형이든 타원형이든 관계없을 것이다. 그런데 맨홀 뚜껑이 둥근 모양인 것은 어째서일까? 평소 무슨 일이든 호기심을 갖고 주의 깊게 살펴보는 지원자라면, 질문에 무난히 답할 수 있을 것이다.

만일 맨홀 뚜껑이 깊은 지하에 떨어진다면 어떻게 될까? 어둡고 깊은 지하에서 뚜껑을 찾아내기도 쉽지 않겠지만, 무거운 뚜껑을 지상으로 건져 올리는 것 또한 만만치 않을 것이다. 뚜껑이 벗겨져 구멍이 뚫린 상태는 또 어떤가. 밝은 대낮이라면 피해갈 수 있겠지만, 밤이라면 대형사고가 일어날 것이다. 차도에서는 자동차가 구멍을 피하려다 교통사고가 일어나기 쉽고, 인도에서는 맨홀에 사람이 빠지는 사고가 발생할 수 있다. 아래로 쉽게 빠지지 않으려면 뚜껑이 무거워야 하기 때문에, 맨홀 뚜껑의 무게는 평균 44kg나 된다고 한다.

이 문제는 평소 그러한 부분까지 생각한 적이 있는지를 확인하려는 것으로, 관찰력과 주의력, 그리고 기하수학의 기초지식을 묻는 것이다. 여기까지 왔다면 이제 정답을 말할 수 있을 것이다. 맨홀 뚜껑이 삼각이나 사각 혹은 타원 모양이면, 뚜껑이 조금만 기울어져도 구멍의 지름이 가장 긴 부분에서 아래로 떨어져버린다. 반면 원형은 어느 위치에서 보아도 지름이 같아 뚜껑을 기울이거나 세워도 떨어지지 않는다. 그러면, 정답이다.

둥근 뚜껑은 기울어져도 절대 구멍에 빠지지 않기 때문이다.

12

항상 '왜'라는 의문을 가져라

"맥주 캔은 왜 원통이 아닐까?"
맥주 캔은 완전한 원통이 아니라 위와 아랫부분이 조금 오므라든 모양이다. 이는 무엇 때문일까?

'맥주 캔이 원통이 아니라니?'

문제를 받아들고 가장 먼저 이런 생각이 든다면, 상황은 심각하다. 만일 이 문제를 풀기 전에 '맥주 캔을 그리시오'라는 문제를 받았다면, 어떻게 맥주 캔을 그렸을지 생각해보자. 맥주 캔의 위쪽과 아래쪽이 오므라져 있다는 사실을 몰랐던 사람까지 포함해 맥주 캔을 정확하게 그리지 못하는 사람이 꽤 많을 것이다. 특히 술이 아닌 주스나 커피, 차 등을 즐기는 사람이라면, 대부분 원통 모양의 캔을 그릴 것이다. 거의 모든 캔이 확실히 원통 모양을 하고 있으니까.

그런데 왜 맥주 캔만 유독 위아래가 오므라져 있을까? 이는 캔의 강도 및 비용과 관계가 있다.

   맥주 캔은 종단면이 거의 직사각형인 원통 안에 압력을 가해 탄산을 가두어야 하기 때문에, 예전에는 꽤 두꺼운 스테인리스로 제조되었다. 그러나 매년 엄청난 양의 맥주가 생산, 판매되는 것을 생각하면, 캔에 들어가는 비용을 절감하는 것이 기업의 큰 과제였을 것이다. 사실 단가는 철보다 알루미늄 쪽이 높다. 하지만 무겁고 강한 철재를 가공하는 데 드는 수고나 시간, 운반비 등은 알루미늄 쪽이 낮다. 소비자의 편의성이나 환경 차원에서 두께가 얇은 알루미늄이 철보다 한층 우월한 것도 고려하지 않을 수 없다.

   하지만 알루미늄은 얇고 가벼운 것이 장점인 반면, 강도 측면에서는 튼튼한 스테인리스에 뒤지는 것이 사실이므로, 무언가 장치가 필요했다. 게다가 맥주 캔은 제조 후 소비자에게 도달하기까지 겹겹이 쌓아올린 상태로 보관되고 운반되어야 하기 때문에 상하로 가해지는 압력을 버틸 수 있어야 한다. 그것이 여의치 않다면 압력을 최소화하는 방안을 찾아야 한다.

   이때 힌트가 된 것이 '달걀'이다. 달걀은 껍질이 얇은데도 위아래로 가해지는 무게를 잘 버틴다는 점에서 실마리가 되었다. 물론 달걀 모양대로라면 여러 층을 쌓을 수 없으므로 무언가 새로운 해결책이 필요했다. 그래서 내놓은 아이디어가 위와 아랫부분이 오므라든 모양이다. 캔 속의 용량을 온전히 유지하면서도 충분한 강도를 지닌, 보관이나 운반을 위한 공간을 최소화하면서 비용도 줄일 수 있는 지금의 모양이 된 것이다.

어떻게 이 모든 것이 가능할 수 있었는지, 좀 더 자세히 살펴보자. 맥주 캔을 만드는 원리는 다음과 같다. 따개를 제외하면, 캔은 2장의 알루미늄 판으로 구성된다. 윗부분 1장, 측면과 바닥을 구성하는 1장이다. 먼저 알루미늄 판 1장을 딥 드로잉Deep Drawing이라는 기법을 이용해 컵 모양으로 가공한 다음, 그곳에 맥주를 채우고 나서 위에 1장을 얹어 단단히 밀봉한다. 윗부분에 얹는 판은 '따개'를 당길 때의 힘을 견디기 위해 두꺼운 알루미늄을 써야 하는데, 이는 비용 증가로 이어진다. 그래서 얇으면서도 그 힘을 견딜 수 있도록 지름을 작게 한 것이 조금 더 달걀형에 가까워진 것이다. 이렇게 위쪽을 오므린 모양으로 만든 다음, 캔을 보관하거나 운반할 때 여러 층을 쌓아올릴 수 있도록 캔의 바닥도 오므려 윗부분과 아랫부분이 딱 맞도록 만들었다. 실제로 실험해봐도 맥주 캔의 간격이 벌어지지 않고 상하가 정확하게 맞아떨어짐을 알 수 있을 것이다.

MS사에서 왜 이런 문제를 냈는지 그 의도가 궁금할지도 모르겠다. 이 문제의 출제 의도는 일상생활에서 흔히 지나치기 쉬운 부분까지 주의 깊게 보고 있는지, 그것에 대해 '왜'라고 생각하는 습관을 갖추고 있는지, 그 '왜'를 논리적으로 설명할 수 있는지를 묻기 위함이다. 그러면, 정답이다.

캔의 강도를 강화하면서도 사용하는 알루미늄의 양과 캔의 보관 및 운반 공간을 줄이기 위해, 캔 상부와 하부를 오므린 형태로 만들었다.

13

사고 과정의 중요성

> "전 세계 피아노 조율사는 몇 명일까?"

면접에서 느닷없이 이런 질문을 받는다면 가장 먼저 어떤 생각이 들까? 아마도 조금은 황당하다는 것이 일반적인 반응일 것이다. '일본에는 피아노 조율사가 몇 명 있을까?'라고 특정 국가에 국한된 문제로 바꾼다 해도, 일본 피아노 조율사협회에 소속되어 있지 않은 이상 이를 짐작하기란 쉽지 않다. 하물며 전 세계의 조율사 수를 묻는 수준이라면 협회 회원이라 해도 쉽게 답변하지 못할 것이다. 게다가 북한이나 아프리카처럼 자세한 통계가 없는 국가까지 포함시킨다면, 그러한 자료가 있을 리 없다. 따라서 지금까지와는 조금 다른 문제임을 감안해야 정답에 좀 더 쉽게 다가설 수 있을 것이다.

그렇다면 이러한 문제를 낸 의도는 무엇일까? 그런 통계가 있을 리 없는데 조율사의 수를 묻는 것은 '어쨌든' 조율사의 수를 구하라는 뜻이다. 면접관이 이렇게 물으면, 우리는 어떻게든 답을 구해야 한다. 그렇다. 사실 이 '어떻게'가 문제를 낸 이유다. 이 문제는 조율사의 수를 추정하는 과정을 보려는 것으로, 수치는 중요하지 않다.

자, 지금부터 값을 추정해보자.

가장 먼저 조율 대상인 피아노가 몇 대나 되는지부터 알아야 한다. 두 번째로는 그중 몇 대를 얼마만큼 자주 조율해야 하는지를 산출하고, 세 번째로 조율사 1명이 손볼 수 있는 피아노 수를 추정한 다음, 최종적으로 몇 명의 조율사가 존재하는지 결론을 내리면 된다.

그러면 이 방법을 이용해 우선 일본의 경우부터 계산해보자. 먼저 일본 내에 피아노가 몇 대나 있는지를 추정해야 한다. 피아노를 주로 설치하는 장소로는 가정, 학교, 아트홀, 단체 시설 등이 있다. 그중에서도 일반 가정에 피아노가 가장 많다는 견해에는 반론의 여지가 없을 것이다. 따라서 조율사의 수는 세대 수에서 추정하는 것이 가장 타당할 것이다. 그러려면 먼저 일본의 인구가 몇 명인지를 알아야 한다. 여기서는 대략 1억 2,000만 명으로 해두자. 세대 수가 1명인 집도 있고 4명인 집도 있으므로 평균 2.5명으로 가정해 계산하면, 총 4,800만 세대가 된다.

다음에는 피아노가 있는 집의 비율을 구한다. 다시 한 번 말하지만, 중요한 것은 어디까지나 문제를 풀어나가는 과정이지 정확한 수치가 아니다. 이 점을 염두에 둔다면 상식적으로 터무니없는 값이 아닌 이상, 몇 %든 크게 문제되지 않는다. 주변에 어린이가 있는 가정은 50% 정도이지만, 피아노 소리가 많이 들리지 않는다는 점을 고려해 약 10% 정도의 집에 피아노가 있다고 가정해보자. 4,800만 세대의 10%는 480만 대가 된다. 이것에 학교 등 기타 기관을 추가해 대략 500만 대의 피아노가 있다고 해두자.

두 번째 단계는 피아노를 얼마만큼 자주 조율해야 하는지의 문제다. 피아노를 자주 치고 소리에 민감한 가정이라면 1년에 한 번 정도, 그 밖에는 2~3년에 한 번 정도 조율할 것이다. 평균적으로 2년에 한 번이라 한다면, 설치한 피아노가 총 500만 대이므로 한 해에 조율하는 피아노는 250만 대가 된다.

이제 작업시간을 이용해 필요한 조율사의 수를 도출해보자. 우선 1대당 조율시간을 1.5시간, 출장시간을 1.5시간으로 보면 총 3시간이 필요하므로, 조율사 1명이 하루에 볼 수 있는 피아노는 고작 2대다. 따라서 1개월의 근로 일수를 20일로 계산하면, 1명당 조율할 수 있는 피아노는 40대, 1년이면 480대가 된다. 따라서 1년에 250만 대를 조율하려면 적어도 250만÷480=5,200명이 필요하다.

일본 내 조율사의 수를 구했으니 다음은 세계에 대입해보자. 여기서도 역시 전 세계 인구, 특히 피아노를 많이 사용할 것으로 생각되는 미국이나 유럽 쪽 인구에서 시작하는 편이 정확할 것이다. 북미의 인구를 3억 명, 유럽은 4억 명으로 가정하고 피아노 보유율을 일본과 비슷하게 예상하면, 일본과의 인구 비율이 약 6배이므로 '5,200×6=3만 1,200명'이라는 계산이 나온다. 이를 일본 내 조율사 수와 합하면 총 3만 6,400명이 된다.

다음은 나머지 지역인데, 나머지 국가의 GDP를 더한 것이 일본과 비슷하다고 가정하면 조율사의 수는 5,200명이 된다. 따라서 전 세계의 조율사는 3만 6,400+5,200=4만 1,600명, 대략 4만 2,000명으로 추정할 수 있다.

실제 사단법인 일본 피아노 조율협회의 자료에 의하면, 일본에 있는 피아노는 적어도 500만 대, 조율사 수는 6,000명 정도라고 하니 상당히 적절한 추정치임을 알 수 있다. 미국 노동통계국이나 무역통계의 데이터를 토대로 추정한 세계의 피아노 조율사 수는 4만 명 정도라고 한다. 그러나 문제를 낸 주된 의도는 실제 수치를 맞히는 것이 아니다. 어디까지나 논리적으로 결론을 도출하는 과정을 평가하는 것이므로, 상식에서 크게 벗어난 값이 아니라면 어떠한 결과라도 크게 문제되지 않는다.

다음은 당신이 일본에서 면접을 보았을 경우의 모범 답안이다.

일본의 피아노 대수 및 조율사의 작업시간을 추정해 정답을 도출해낼 수 있다. 일본의 인구는 약 1억 2,000만 명으로 한 세대를 2.5명이라 하면 4,800만 세대가 된다. 피아노를 갖춘 일반 가정을 10%라 가정하면 480만 대. 여기에 학교나 단체 등을 더하면 일본에는 모두 500만 대의 피아노가 있는 것으로 추정된다. 피아노를 평균 2년에 한 번 정도 조율한다고 했을 때, 1년 동안 조율하는 피아노는 250만 대다. 피아노 1대를 조율하는 데 필요한 시간을 출장시간까지 포함해 3시간으로 보면, 한 사람이 하루에 약 2대를 조율할 수 있다는 계산이 나온다. 한 달의 근무 일수를 20일로 계산하면 한 달에 조율하는 피아노가 40대이므로, 1명의 조율사가 1년 동안 조율하는 피아노는 480대가 된다. 따라서 1년에 250만 대를 조율하는 데 필요한 인원은 250만÷480=5,200명이다. 북미나 유럽의 피아노 보유율이 일본과 같다고 가정했을 때, 그쪽 지역의 인구는 일본의 6배인 7억 명이므로 조율사의 수는 총 3만 1,200명이 된다. 나머지 지역은 그 GDP의 합계가 일본과 같다고 가정, 5,200명으로 추정한다. 따라서 전 세계 피아노 조율사의 수는 5,200명(일본)+3만 1,200명(북미·유럽)+5,200명(그 외 지역)=4만 1,600명. 답은 약 4만 2,000명이다.

14

소거 연역법을 활용하라

"단 한 번에 상자의 내용물을 맞혀라!"

붉은 구슬과 흰 구슬이 가득 들어 있는 상자가 3개 있다. 한 상자에는 붉은 구슬만, 또 다른 상자에는 흰 구슬만, 나머지 상자에는 붉은 구슬과 흰 구슬이 섞여 있다. 그러나 밖에서는 상자의 안을 볼 수 없으며, 상자에는 내용물에 대한 라벨이 붙어 있는데 모두 거짓으로 표기되어 있다. 안을 보지 않고 상자에서 단 한 번, 1개의 구슬을 꺼내 각각의 상자에 어떤 구슬이 들어 있는지 맞히려면 어떻게 해야 할까?

설명을 위해 각각의 상자에 임시로 이름을 붙여보자. 각각의 라벨이 붙어 있는 상자를 붉은 라벨 상자, 흰 라벨 상자, 혼합 라벨 상자, 그리고 진짜 붉은 구슬만 들어 있는 상자를 붉은 상자, 흰 구슬만 들어 있는 상자는 흰 상자, 구슬이 섞여 있는 상자는 혼합 상자라 하자. 자, 설명을 시작한다. 문제대로라면 붉은 라벨 상자는 흰 상자 또는 혼합 상자, 흰 라벨 상자는 붉은 상자 또는 혼합 상자, 혼합 라벨 상자는 붉은 상자 또는 흰 상자여야 한다.

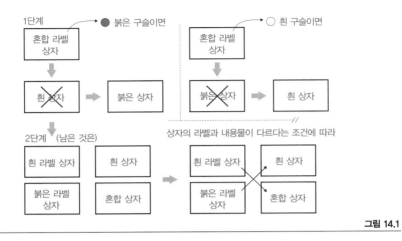

그림 14.1

우선 한 상자에서 1개의 구슬을 꺼내도 다음 상자에서 또 다른 구슬을 꺼내지 않는 한, 상자를 구별하는 것은 불가능해 보인다. 예컨대 붉은 라벨 상자를 선택한 경우에는 실제로 흰 상자나 혼합 상자 중 하나에서 구슬을 꺼낸 것이므로, 붉은 구슬과 흰 구슬 모두 나올 수 있다. 결국 다시 한 번 구슬을 꺼내야만 알 수 있다.

여기서 응시자는 세 가지 타입으로 나뉜다. 다시 말해 문제가 간단하다고 생각하는 사람(타입 1), 간단치 않다며 깊게 생각하는 사람(타입 2), 불가능하다고 생각하는 사람(타입 3)이다.

타입 1은 붉은 라벨 상자에서 붉은 구슬이, 흰 라벨 상자로부터 흰 구슬이 나왔다는 가정 하에 문제를 푼 경우다. 붉은 라벨 상자에서 꺼낸 구슬이 붉은색이었다면 라벨은 거짓이므로 흰 상자나 혼합 상자에서 붉은 구슬이 나온 것인데, 흰 상자에서 붉은 구슬이 나올 리가 없으므로 이는 혼합 상자임이 틀림없다.

남은 두 상자의 라벨은 흰 라벨과 혼합 라벨로, 실제 들어 있는 구슬은 흰 색과 붉은 색이다. 이때 내용물은 라벨과 같을 수 없으므로, 흰 라벨 상자는 붉은 상자, 혼합 라벨 상자는 흰 상자가 된다. 그런데 맨 처음에 붉은 라벨 상자에서 흰 구슬이 나왔다면, 어찌할 것인가? 그것이 흰 상자에서 꺼낸 구슬인지 혼합 상자에서 꺼낸 구슬인지 구별할 수 없다. 따라서 사고는 더 이상 앞으로 나아가지 못하고 결국 타입 3의 세계로 합류하게 된다.

그렇다면 타입 2는 어떨까? 가정이 어긋나 결국 포기하게 되는 타입 1이나 타입 3과는 달리, 어떻게든 구별하는 방법이 있을 것이라고 생각하는 타입이다. 과연 그런 방법이 있을까? 물론 방법은 있다. 가장 먼저 혼합 라벨 상자에서 구슬을 꺼내는 것이다. 라벨은 거짓이므로 혼합 라벨 상자에서 흰 구슬이 나온다면 그것은 흰 상자이고, 붉은 구슬이 나온다면 그것은 붉은 상자다. 그러면 나머지 두 상자에는 어떤 구슬이 들어 있는지 바로 알 수 있다.

단 한 번 만에 그 상자의 내용물을 알아맞힐 수 있다는 정보야말로 문제해결의 큰 실마리가 된다. 처음에 하나의 조합을 정하기만 하면 그다음은 소거법으로 간단히 풀 수 있다. 혼합 라벨 상자에서 붉은 구슬이 나오면 그것은 붉은 상자이므로, 결국 붉은 라벨 상자와 흰 라벨 상자, 즉 흰 상자와 혼합 상자가 남게 된다. 이 상태에서 라벨은 거짓이므로 붉은 라벨 상자는 흰 상자, 흰 라벨 상자는 혼합 상자일 수밖에 없다. 혼합 라벨 상자에서 흰 구슬이 나온 경우도 같은 과정으로 추정할 수 있다.

이 문제를 낸 의도는 무엇일까? 비즈니스에서는 논리적인 사고가 대단히 중요한데, 여기서는 그중에서도 지원자의 소거법 수준을 묻고 있다. 즉 이 질문이 소거법의 문제임을 깨닫고 그 돌파구가 되는 정보를 찾아낼 수 있는지를 보려는 것이다. 답은 다음과 같다.

혼합 라벨 상자에서 구슬을 꺼낸다. 만일 그것이 붉은 구슬이라면(라벨은 거짓이므로) 그 상자는 붉은 구슬이 들어 있는 상자이고, 붉은 라벨 상자는 흰 상자, 흰 라벨 상자는 혼합 상자다. 만약 혼합 라벨 상자에서 흰 구슬이 나온다면 그 상자는 흰 상자이며, 흰 라벨 상자는 붉은 상자, 붉은 라벨 상자는 혼합 상자다.

15

비즈니스와 논리학

"꼭 뒤집어야 할 카드는 무엇?"

여러분 앞에 E, 9, P, 6이 적힌 4장의 카드가 있다. '카드의 한 면에 알파벳의 모음이 적혀 있으면 다른 한 면에는 짝수가 적혀 있다'는 규칙을 확인하기 위해 꼭 뒤집어야 할 카드를 찾아라.

이것은 트릭이 전혀 없는 단순한 문제임에도 정답률이 20% 정도에 그쳤다고 한다. 5명 가운데 적어도 4명은 오답이었던 것이다. 우선 모든 카드를 뒤집어보아야 한다고 생각하기 쉬운데, 이는 카드 양면에 모두 알파벳이나 숫자가 적혀 있을 수 있다는 반사적인 발상 때

그림 15.1

	뒤에 나올 글자의 가능성 ×표시는 규칙 위반	
E ➡	짝수	~~홀수~~
9 ➡	~~짝수~~	자음
P ➡	짝수	홀수
6 ➡	모음	자음

표 15.1

문일 것이다.

실제 지원자들은 어떤 답변을 했을까? 대부분이 'E가 적힌 카드' 혹은 'E와 6이 적힌 카드'라고 답했다. E는 알파벳의 모음이므로 그 뒷면에 홀수가 적혀 있다면 규칙을 위반한 것이 된다. 따라서 E가 적힌 카드를 뒤집어 확인해야 한다.

그렇다면 6은 어떨까? 6은 짝수이므로 그 뒷면에 자음이 적혀 있으면, '모음이 적힌 카드는 다른 한 면에 짝수가 적혀 있다'는 규칙을 명백히 위반하므로 이 카드 역시 뒤집어보아야 한다는 결론이 나온다. 하지만 이는 문제의 내용을 완벽하게 이해하지 못한 데서 비롯된 오답이다.

자, 다시 한 번 문제를 들여다보자. 문제의 취지는 'A라면 B다'라는 것이지, 'B라면 A다'가 아니다. 따라서 '한 면에 모음이 적혀 있으면 그 뒤에는 짝수가 적혀 있다'는 전제를 '한 면에 짝수가 적혀 있으면 그 뒷면에는 모음이 적혀 있다'는 뜻으로 해석해서는 안 된다. 한 면에 짝수가 적혀 있다고 다른 면에도 모음이 적혀 있어야 하는 것은 아니다. 자음이어도 상관없다.

그렇다면 P의 경우는 어떤가. 아마도 대부분의 지원자들이 곧바로 자음 P가 적힌 카드는 제외시켰을 것이다. 문제에서 자음에 대한 규칙은 전혀 언급하고 있지 않기 때문이다. P는 그 뒷면이 짝수든 홀수든 전혀 규칙에 위반되지 않으므로 뒤집을 필요가 없다.

그렇다면 9의 경우는 어떨까? 바로 이것이 문제다. 만일 이 카드의 뒷면에 자음이 적혀 있다면 문제될 게 없지만, 만일 모음이라면 '한 면이 모음이면 그 뒷면은 짝수'라는 규칙에 분명히 위반되기 때문이다. 9는 논리학에서 말하는 대우(對偶), 즉 'A이면 B이다'가 참일 때 'B가 아니면 A가 아니다'를 충족시키는지를 확인하기 위해 필요하다. 결국 반드시 뒤집어보아야 할 것은 E와 9가 적혀 있는 카드다.

막상 정답을 듣고 나면 상당히 단순한 문제인데, 정답률이 이토록 낮은 이유는 무엇일까? 인간은 어디까지나 확실한 사실을 기초로 추론하는 습성이 있으며, 숨어 있는 것과 알지 못하는 것에 대해서는 추론을 소홀히 한다. 앞에서 언급했듯이 이 문제는 심리학뿐 아니라 논리학적으로도 중요한 사실을 내포하고 있다. 9가 적힌 카드 뒤에도 문자가 있는 것은 확실하지만, 그것은 숨겨져 있으며 '자음'이나 '모음' 둘 중 하나다. 이러한 상황을 논리학에서는 선언(選

言, Disjunction)이라 하는데, 이는 2개 이상의 상반된 가능성 중 어느 하나라도 가능한 상황을 일컫는 말이다.

예를 들어 상자에 붉은 구슬과 흰 구슬 중 하나가 들어 있다고 하자. 하지만 어느 것인지는 알 수 없다. 우리가 선택하는 것은 맨 처음일 수도 있고 두 번째일 수도 있으며 마지막일 수도 있다. 몇 번째인지는 알 수 없다. 붉은 구슬은 1개일 수도 있고, 2개일 수도 있으며 100개일 수도 있다. 하지만 그중 어느 것인지는 알 수 없다. 개가 시계방향 혹은 반시계방향으로 움직이고 있다. 하지만 어느 쪽인지 방향은 알 수 없다. 이런 예가 모두 선언의 종류다. 선언에서는 모든 가능성을 나열한 다음, 각각의 가능성을 전제로 추론을 시작한다.

이때 실제 눈앞에 보이지 않는 가능성은 종종 머릿속에서 사라지고 만다. 찬찬히 생각하려 해도 인간의 뇌는 완강히 저항하며 선언을 쉽게 받아들이지 않는다. 이러한 상황을 '인지적 착각Cognitive Illusion'이라 하는데, 간단히 고쳐지지 않는 인간의 습성으로 특히 선언의 사례에서 많이 찾아볼 수 있다.

인간이 불확실한 전제를 바탕으로 추론하기를 꺼리는 이유는 시간이나 수고가 무위로 돌아갈 것을 두려워하기 때문이다. 불확실한 일을 보면 이를 통해 또 다른 불확실성을 느끼게 되고, 결국 불확실성에 대한 불안은 점점 커지게 된다. 하지만 실생활에서는 그렇더라도 문제에는 반드시 답이 있다.

13번 문제에서 보았듯이 전 세계에 피아노 조율사가 몇 명 있느냐는 질문을 받으면, 당연히 정보가 부족하다고 느끼게 된다. 하지만 'A는 모르지만 B와 C만 알면 계산할 수 있고, D를 알면 B는 계산할 수 있다'는 식으로 접근하면 추리해나가기 쉽다. 컴퓨터는 인간과 달리 이처럼 어려운 선언추리(선언적 삼단 논법)에 익숙하다. 트리 검색Tree Searching과 경로검색Route finding 등의 소프트웨어는 효율적인 선언 알고리즘(algorithm, 유한한 단계를 통해 문제를 해결하기 위한 절차나 방법. 주로 컴퓨터 용어로 쓰이며, 컴퓨터가 일을 수행하기 위한 단계적 방법을 말한다, 옮긴이)으로 만들어진 것이며, 구글이나 야후와 같은 포털 사이트의 검색 속도가 이를 증명하고 있다.

뒤집어야 하는 카드는 E와 9가 적힌 카드다.

16

뒤집어 생각하라

"과일을 먹을 수 있는 아이는 몇 %인가?"

어느 보육원의 원아들 가운데 90%는 사과를 먹을 수 있고, 80%는 귤을 먹을 수 있다. 또 70%는 배를 먹을 수 있으며 60%는 복숭아를 먹을 수 있다. 단, 4개의 과일을 모두 먹을 수 있는 원아는 없으며, 이 밖의 과일은 먹지 못한다. 이 보육원에서 과일을 한 가지라도 먹을 수 있는 원아는 몇 %인가?

이러한 유형의 문제는 우선 전제조건을 분명하게 파악하는 것이 중요하다. 문제에서 이미 90%, 80%, 70%, 60%라는 네 가지 조건이 숫자로 제시되어 있기 때문에 숫자로 표현되지 않은 나머지 부분

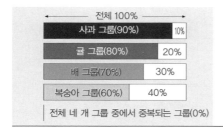

그림 16.1

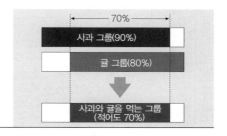

그림 16.2

은 소홀히 하기 쉽다. 바로 그 부분이 문제의 핵심인 경우가 많으므로 그 조건도 숫자로 변환해두자. 이 문제에는 숫자로 표현되지 않은 두 가지 조건이 있다. 4개의 과일을 모두 먹을 수 있는 원아는 0%라는 다섯 번째 조건과, 4개가 아닌 다른 과일을 먹을 수 있는 원아가 0%라는 여섯 번째 조건이다.

그러면 구체적으로 설명해보자. 설명을 돕기 위해 사과를 먹을 수 있는 원아를 '사과 그룹'이라 하고, 다른 과일도 똑같이 '귤 그룹', '배 그룹', '복숭아 그룹'이라 하자. 네 가지 과일을 모두 먹을 수 있는 원아가 0%라는 것은, 세 그룹에 동시에 속한 원아(이하 '세 가지

그림 16.3

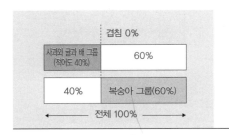

겹침 0%

| 사과와 귤과 배 그룹
(적어도 40%) | 60% |
| 40% | 복숭아 그룹(60%) |

← 전체 100% →

그림 16.4

동시그룹')는 나머지 하나의 그룹에는 들어갈 수 없다는 것을 뜻한다. 따라서 그 부분이 겹치는 상태를 파악하면 답을 찾을 수 있다. 세 가지 동시그룹은 어떤 그룹을 기준으로 해도 상관없지만 여기서는 사과, 귤, 배 그룹을 살펴보기로 하자.

그림 16.1은 다섯 가지 조건을 나타낸 것으로, 우선 사과와 귤 그룹의 두 가지 동시그룹이 몇 %인지 살펴보면 가장 많이 겹쳤을 때가 80%다. 그림 16.2에서 두 그룹이 겹칠 경우는 적어도 70%다. 그러면 사과, 귤, 배의 세 가지 동시그룹은 어떨까? 이 경우에는 적어도 40%가 되는 것을 알 수 있다(그림 16.3).

앞의 다섯 번째 조건에 따라 이 세 가지 동시그룹의 40%는 나머지 복숭아 그룹 60%에 들어갈 수 없으므로, 이 두 가지를 더하면 100%가 된다. 다시 말해 모든 원아가 과일을 먹을 수 있으며 정답은 100%이다(그림 16.4).

자, 답은 구했지만 이 사고 과정에 100% 만족할 수는 없다. 그 이

각각의 과일을 먹을 수 없는 원아

사과	10%	A
귤	20%	B
배	30%	C
복숭아	40%	D

그림 16.5

유는 속도 때문이다. 앞에서도 말했듯이 인간은 숨겨진 것, 미지의 것, 불확실한 것을 생각하는 능력이 약하기 때문에, 눈에 보이는 확실한 내용을 토대로 추론하려는 습성을 지니고 있다. 여기서 보이지 않는 조건에 눈을 돌려보자. 이 문제의 숨겨진 조건은 바로 '각각의 과일을 먹을 수 없는 원아'다.

　문제는 '이 보육원의 원아 중 몇 %가 과일을 먹을 수 있나?'이므로 아무래도 '먹는다'는 것에 초점을 맞추기 쉽다. 하지만 뒤집어 생각하면, '각각의 과일을 먹을 수 없는 원아는 몇 %나 될까?'라고 생각할 수도 있지 않을까? 그것을 표현한 것이 그림 16.5다. 이 A·B·C·D가 총 100%가 되지 않으면 나머지 부분은 네 종류의 과일을 모

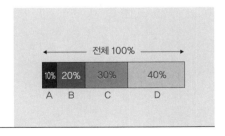

전체 100%

| 10% | 20% | 30% | 40% |
| A | B | C | D |

그림 16.6

두 먹을 수 있는 원아의 영역이 된다. 그러나 그것은 다섯 번째 조건에 따라 0%이므로, 과일을 먹을 수 없는 원아는 최소한 100%가 되게끔 분포해야 한다. 이를 바탕으로 16.5를 배열하면 하나도 겹치지 않은 상태로 100%를 채우게 된다(그림 16.6).

이것은 무슨 뜻인가? 만약 네 가지 과일을 모두 먹지 못하는 원아가 있다면 A·B·C·D의 합은 100%를 넘을 것이다. 그러나 계산 결과는 정확히 100%로, 이로써 네 가지 과일을 모두 먹을 수 없는 원아는 없다는 것을 알 수 있다. 즉 이 보육원의 원아는 4개의 과일 가운데 어느 하나는 먹을 수 있다는 결과가 나온다. 그러면, 정답이다.

100%

17

숨겨진 절대 조건을 찾아라

"17분 안에 다리를 건너라!"

깊은 밤 네 사람이 길을 걷다 금방이라도 무너질 것 같은 다리를 만났다. 이 다리는 한 번에 2명밖에 건널 수 없으며, 이를 초과할 경우 바로 무너져버린다. 다리의 곳곳에는 널빤지가 빠진 부분도 있어 손전등으로 발밑을 비추지 않고 그냥 건너다가는 발이 빠져 아래로 떨어질 위험이 높다. 단, 손전등은 하나뿐이다. 4명 각자가 다리를 건너는 데 걸리는 시간을 보면, A는 1분, B는 2분, C는 5분, 가장 느린 D는 10분이나 된다. 다리는 17분 후에 무너진다. 4명 모두 무사히 다리를 건너는 방법은 무엇인가?

우선 이 문제의 제한 조건을 점검해보자. 다리는 한 번에 2명밖에 지탱하지 못하는 데다 손전등은 하나뿐이다. 이것이 없으면 다리를 건널 수 없다. 결국 다리는 혼자 혹은 둘이서 건너야 하며, 반드시 다시 돌아와 남아 있는 사람에게 손전등을 건네줘야 한다. 다리를 건너는 데 걸리는 시간은 각기 다르며, 17분 내에 다리를 건너야 한다.

이런 조건 하에서 누구나 쉽게 떠올릴 수 있는 방법은 가장 빨리

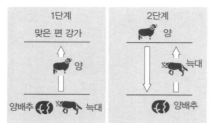

그림 17.1

1단계	2단계
맞은 편 강가	양

이 문제는 양과 늑대, 양배추를 강 건너로
보내는 전통적인 퀴즈를 응용한 것이다.

걷는 사람을 되돌아오는 사람으로 정하고, 가장 느린 사람부터 건너기 시작해 순서대로 함께 오가는 것이다. 다리를 건너는 시간이 A=1분, B=2분, C=5분, D=10분이므로, 우선 A와 D가 함께 건넌 다음(10분 소요), A가 되돌아가서(1분) C와 함께 건넌다(5분). A는 또 다시 되돌아가서(1분) 마지막으로 B와 함께 건너온다(2분). 결과적으로 4명이 다리를 건너는 데 소요되는 시간은 총 '10+1+5+1+2=19분'이 된다. 이 경우 되돌아가는 것은 항상 A이므로 나머지 B, C, D가 어떤 순서로 건너든 상관없지만, 다리를 건너는 데 19분이나 소요된다.

　두 번째 방법은 걷는 속도가 가장 느린 2명을 함께 건너게 하는 것이다. 이 경우 둘 중 빨리 걷는 사람의 시간은 가장 느린 사람의 시간으로 상쇄되어버린다. 다시 말해 C와 D가 함께 건너면, 2명이 다리를 건너는 데 필요한 시간은 10분이다. 그러나 이 2명이 가장 마지막으로 건너지 않는 한, 그중 1명이 손전등을 가지고 반드시 되돌아가야 한다. 이 경우 더 빠른 C가 되돌아가겠지만 이미 그 시점에

104

서 15분이 경과되므로 C가 다시 건널 것을 생각하면 17분 내에 과제를 끝내는 것은 도저히 불가능하다.

마지막으로 C와 D, 2명이 되돌아갈 필요 없이 맨 마지막에 건너는 방법을 생각할 수 있다. 그러나 이 경우에도 전 단계에 C가 혼자서 손전등을 가지고 돌아가야만 한다. 이것은 D와 함께 건너기 전에 C가 이미 다리를 왕복하는 데 혼자 10분을 썼다는 의미로, 결국 17분 안에 다리를 건널 수 없다.

이 문제는 트릭이나 함정 같은 장치가 전혀 없기 때문에 일견 단순해 보이지만, 표면에 드러나지 않은 조건에 초점을 맞추지 않으면 정답을 맞히기 쉽지 않다.

그렇다면 이 문제의 숨겨진 조건은 무엇일까? 'C와 D는 일단 맞은편 강가로 가면 다시는 돌아갈 수 없다'라는 절대 조건이다. 만일 C와 D가 되돌아가는 역할을 맡는다면 최종적으로 다리를 3번 건너야 한다. 그럴 경우 D는 30분, C는 15분을 쓰게 되므로, 4명이 17분 내에 다리를 건너는 것은 불가능하다. 따라서 C와 D는 절대로 되돌아가서는 안 된다.

이 절대 조건, 문제의 핵심을 알았다면 다음 관문은 C와 D가 함께 건널 사람을 선택하는 것이다. 이 조건은 'C와 D는 반드시 함께 건너야 한다'로 귀결된다. 만약 C와 D가 따로 건넌다면 앞에서 살펴본 대로 A가 되돌아가는 것이 가장 빠르지만 19분이나 소요된다.

'C와 D는 반드시 함께 건너야 한다'와 'C와 D는 다리를 건넌 이상 다시 되돌아가지 않는다'는 2가지 조건을 충족시키려면, C와 D는 다리를 건널 때 맨 처음과 맨 마지막에는 건널 수 없다. 결국 C와 D는 도중에 건너야 하는 것이다. 그게 가능하려면 누군가 반드시 손전등을 가지고 되돌아와야 하고, 이들이 다리를 건넌 후에는 누군가 다시 돌아가 남아 있는 사람에게 손전등을 돌려주어야 한다. 여기까지 오면 답은 이미 나온 것이나 다름없다. '누군가'는 A나 B를 가리키며, 혼자 왕복할 순 없으므로 일단 A와 B의 조합이 다리를 건넌 후 둘 중 하나가 되돌아가야 한다.

그러면 문제를 풀어보자. 처음 A와 B가 다리를 건넌다(2분). 그리고 걷는 속도가 빠른 A가 되돌아가 손전등을 전달한다(1분). 다음은 C와 D가 함께 건넌다(10분). 이번엔 이미 다리 건너에 가 있던 B가 손전등을 가지고 되돌아가(2분) 마지막으로 이미 되돌아가 있던 A와 함께 건넌다(2분). 결국 총 '17분(2+1+10+2+2)'이 된다. 정답은 두 가지다. A와 B가 먼저 건넌 후 A가 되돌아가는 경우와 B가 되돌아가는 경우다. 자, 정답이다.

답안 1. 먼저 A와 B가 강을 건넌다(2분). 바로 A가 혼자서 손전등을 가지고 되돌아
간다(1분). 이번엔 C와 D가 그 손전등을 들고 다리를 건넌다(10분). 혼자 남
아 있던 B가 손전등을 받아들고 되돌아간다(2분). 마지막으로 먼저 돌아가
있던 A와 함께 다시 한 번 다리를 건넌다(2분). 총 2+1+10+2+2=17분.

답안 2. 동일한 방법으로 B가 먼저 되돌아간 후에 C와 D가 건너고, 그다음 A가 되
돌아간다. 총 2+2+10+1+2=17분.

18

최초의 발상이 포인트다

"8개 동전 중 가장 가벼운 동전을 찾는 방법은?"

겉으로 봐서는 구별할 수 없는 동전 8개가 있다. 그중 1개는 다른 동전보다 가볍다. 양팔저울을 이용해 가벼운 동전을 찾아내려면 최소한 몇 번을 계량해야 할까? 또한 9개 중 하나를 골라내야 하는 경우라면 몇 번을 계량해야 할까?

여러 개 중에서 어느 하나를 구별해내는 문제로는 7번에서 다룬 3개의 조명 스위치, 14번에서 다룬 구슬 상자, 15번의 카드 문제 등이 있었다. 앞에서도 여러 차례 언급했듯이 회사가 원하는 것은 신속한 답변이다. 1번에서 다룬 케이크 이분법처럼 말이다.

그림 18.1

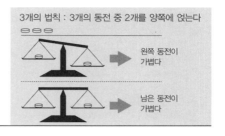

그림 18.2

이 문제를 빠르고 간단하게 풀기 위해서는, 여기서 사용하는 저울이 일반적인 저울이 아니라, 저울의 균형으로 무게가 다른 동전을 가려내는 '양팔저울'이라는 점에 주목해야 한다(그림 18.1).

동전이 2개일 경우 문제는 간단히 해결된다. 동전을 하나씩 저울 접시에 얹으면 어느 쪽이 가벼운지 한눈에 알 수 있기 때문이다. 편의상 이것을 '2개의 법칙'이라 부르자. 동전이 3개인 경우도 간단히 해결할 수 있다. 우선 어느 것이든 상관없이 3개의 동전 중 2개를 선택해 양쪽 접시에 하나씩 얹는다. 이때 균형이 깨지면 가벼운 쪽이 찾아야 하는 동전이고, 양쪽이 균형을 이루면 남아 있는 다른 하나가 가벼운 동전이다. 이를 편의상 '3개의 법칙'이라 하자(그림 18.2).

그러나 동전이 4개인 경우는 조금 다르다. 먼저 1개씩 동전을 저울에 얹은 경우를 생각해보자. 이때 균형이 맞지 않으면 그 자리에서 바로 가벼운 동전을 찾아낼 수 있지만, 균형이 맞으면 나머지 2개를 다시 한 번 저울에 얹어야 한다. 따라서 가벼운 동전을 구별해내려면 적어도 2번 저울을 이용해야 한다. 동전을 동시에 2개씩

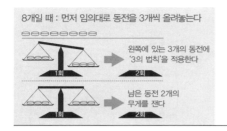

8개일 때 : 먼저 임의대로 동전을 3개씩 올려놓는다

왼쪽에 있는 3개의 동전에 '3의 법칙'을 적용한다

남은 동전 2개의 무게를 잰다

그림 18.3

얹은 경우도 마찬가지다. 접시의 균형을 보고 어느 쪽 접시에 가벼운 동전이 포함되어 있는지 쉽게 알 수 있지만, 가벼운 동전을 알아내려면 다시 한 번 2개의 동전을 저울에 얹어야 한다.

결국 저울을 한 번 계량해 가벼운 동전을 찾아낼 수 있는 동전의 개수는 최대 3개다. 따라서 동전을 최대 3개의 조로 분류하면 좀 더 쉽게 정답을 구할 수 있다.

예를 들어 동전이 5개라면 비교 동전의 개수는 각각 2개, 2개, 1개가 된다. 먼저 동전 2개를 각각 양쪽 접시에 올려보자. 균형을 이루면 나머지 1개가 가벼운 것이고, 균형이 깨지면 접시의 동전 2개를 다시 나누어 계량해 가벼운 동전을 찾을 수 있다. 앞에서 말한

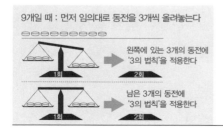

9개일 때 : 먼저 임의대로 동전을 3개씩 올려놓는다

왼쪽에 있는 3개의 동전에 '3의 법칙'을 적용한다

남은 3개의 동전에 '3의 법칙'을 적용한다

그림 18.4

'2개의 법칙'이다.

마찬가지로 동전이 6개라면 앞에서 언급한 '3개의 법칙'에 따라 3개, 3개, 0개, 7개라면 3개, 3개, 1개로 나누어 총 2회 만에 동전을 구별해낼 수 있다. 이렇게 생각하면 동전이 8개든 9개든 간단히 답을 구할 수 있다.

즉 동전이 8개일 때는 3개, 3개, 2개로, 9개일 때는 3개, 3개, 3개로 나누면 된다. 양쪽 다 첫 번째는 동전을 3개씩 올려놓는다. 어느한 쪽이 가볍다는 결과가 나오면, 계속해서 가볍게 나온 쪽에 '3개의 법칙'을 적용하면 된다(그림 18.3). 양쪽이 균형을 이룬다면, 동전이 8개인 경우 나머지 동전에 '2개의 법칙'을, 동전이 9개인 경우 나머지 동전에 '3개의 법칙'을 적용하면 된다(그림 18.4). 어떤 경우든 2회 계량으로 끝낼 수 있다. 자, 정답이다.

동전이 8개든 9개든 2번 만에 가벼운 동전을 가려낼 수 있다(그림 참조).

3

앞을 내다보는
논리적 사고

바다 전체를 볼 때 풍랑이 이는 지점은 극히 일부분에 지나지 않는다. 중요한 것은 넓은 시야에서 현재 처한 상황을 바라보는 것이다. ─손정의

미래를 통해 현재를 보라

우리는 지금까지 18개의 문제를 살펴보았다. 문제를 풀면서도 대체 이러한 문제가 우리의 현실과 무슨 관계가 있는지 의아해하는 사람도 있을 것이다. 이번 장에서는 벤처 비즈니스의 신화적 인물이자 소프트뱅크 창업자인 손정의의 인생을 통해 이러한 문제들이 왜 중요한지를 살펴보려 한다.

그는 어떻게 오늘과 같은 성공을 이룰 수 있었을까? 사실 '디지털'이라는 단어는 지금이야 일반적으로 쓰이지만, 20년 전만 해도 생소하기 그지없었다. 1980년대 후반 손정의는 '혁명'이라는 단어까지 덧붙여가며 다음과 같이 선언한다.

"나의 사명은 디지털 정보혁명을 추진하기 위한 인프라를 제공하는 것이다."

그런데 2000년에 IT 버블이 붕괴되고 소프트뱅크 주식이 시가 총액의 1/20까지 추락하면서 회사가 위태롭다는 소문이 돌기 시작했다. 이때 그는 다음과 같이 말했다.

"강물 위를 이리저리 떠다니는 나뭇잎은 돌이나 바위에 부딪혀 역류하거나 소용돌이에 휘말린다. 이럴 땐 도저히 앞으로 나아갈 수 없을 것 같은 위기감에 휩싸일 것이다. 하지만 이는 지나치게 가까이서 보고 있기 때문이다. 단 1km, 혹은 2km만 떨어져서 바라보아도 나뭇잎이 강 상류에서 하류로 꾸준히 흘러가는 모습을 볼 수 있다. 이처럼 큰 그림을 그려보면 모든 사물과 현상은 단순하기 그지없다. 파도가 높고 풍랑이 이는 바다에서 3m 앞을 바라보면 눈앞의 경치가 심하게 흔들려 뱃멀미가 나지만, 먼 바다를 바라보면 흔들림 없이 버틸 수 있는 것과 마찬가지다.

내 말을 들은 사람들은 흔히들 이렇게 말한다. '이렇게 변화가 심한 시대에 몇 년 앞을 내다본다는 것이 가능한가?', '중요한 것은 현실이지 미래가 아니다. 앞을 내다본다고 지금 무엇을 할 수 있겠는가?'라고 말이다. 하지만 그들이 간과한 것이 하나 있다. 나는 앞을 보는 것이 아니라, 미래를 통해 현재를 보는 것이다. 변화가 심한 시대일수록 가능한 한 멀리 내다보며 지금 서 있는 지점을 되돌아보아야 한다. 미래에서 현재를 돌아보면 지금의 풍랑은 그리 중요치 않다는 사실을 깨달을 수 있을 것이다.

1920년대 사람들은 자동차의 전성시대가 올 거라 예상하고 포드 모델 T(1908년 세계 최초로 대량생산된 자동차, 전성기에는 전 세계 자동차 보유량의 68%를 차지할 만큼 인기를 구가했다, 옮긴이) 자동차의 출시를 전후해 앞다투어 포드사의 주식을 사들였다. 주가는 하늘 높은 줄 모르고 치솟았지만, 1929년에 일어난 대공황의 여파로 결국 주가는 폭락하고 말았다. 그러나 길게 보면 대공황 전후 주가의 차이는 오늘날의 주가 변동과 비교도 되지 않을 정도로 그 폭이 좁다."

현재 그가 일궈낸 성공을 보면 그의 의견을 수긍하지 못할 사람은 없을 것이다. 바다 전체를 볼 때 풍랑이 이는 지점은 극히 일부분에 지나지 않는다. 중요한 것은 넓은 시야에서 현재 처한 상황을 바라보는 것이다.

이 책을 읽는 당신 또한 마찬가지다. 지금 직면한 상황은 주어진 문제를 푸는 것이지만, 이러한 문제들을 현실이라는 폭넓은 관점에서 해결해나가다 보면, 논리적인 사고뿐 아니라 앞을 내다볼 수 있는 문제해결력까지 키울 수 있을 것이다.

19

인간의 맹점

"기회는 한 번! 가벼운 구슬을 찾아라!"

외관으로는 구별할 수 없는 똑같은 구슬들이 5개의 상자에 각각 담겨 있다. 구슬을 구별할 수 있는 유일한 방법은 무게. 5개 중 하나의 상자에 들어 있는 구슬들만 9g이고 다른 상자의 구슬들은 모두 각각 10g이다. 저울이 있어 무게를 잴 수는 있지만, 기회는 단 한 번뿐. 어떤 상자에 9g의 구슬이 들어 있는지 구분하는 방법은 무엇인가?

각각의 상자에서 구슬을 1개씩 꺼내어 순서대로 잰 다음 9g의 구슬을 찾아내면 문제는 해결되겠지만, 이는 저울을 이용할 수 있는 기회는 단 한 번뿐이라는 문제의 조건에 위반된다. 이대로라면 한 번에 9g의 구슬을 맞힐 수 있는 확률은 1/5에 불과하다. 한 번만 무게를 잴 수 있다는 것은 저울에 1개가 아닌 여러 개의 구슬을 올려놓은 다음 가려내야 한다는 의미다. 하지만 모든 상자에서 구슬을 1개씩 꺼내 5개의 무게를 잴 경우에는 어떤 상자에 9g의 구슬이 들어

118

있는지 알 수 없으므로, 무게가 다른 상자를 가려내려면 꺼내는 구슬의 수가 상자마다 달라야 한다.

그렇다면 어떤 방법이 있을까? 이해를 돕기 위해 1번에서 5번까지의 번호를 상자에 붙여보자. 먼저 각 상자에서 각기 다른 개수의 구슬을 꺼내되, 구슬의 합계가 최소가 되는 경우를 생각해보자. 1번 상자에서는 1개, 2번 상자에서는 2개, 3번 상자에서는 3개, 4번 상자에서는 4개, 5번 상자에서는 5개의 구슬을 꺼내 모두 저울에 달면 어떻게 될까? 만일 모든 구슬이 정상인 10g이라면 '10+20+30+40+50=150g'이 된다. 하지만 실제로는 10g보다 1g이 가벼운 구슬이 섞여 있으므로, 실측한 전체 무게는 150g보다 '1g × 무게가 다른 구슬의 개수'만큼 가벼워질 것이다. 이제 이해가 되었는가?

만일 실측한 전체 무게가 149g이라면 150g보다 1g 적으므로 무

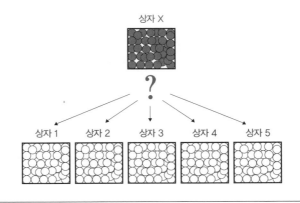

그림 19.1

게가 다른 구슬이 1개 들어 있는 것이다. 따라서 이 경우에는 1개를 꺼낸 1번 상자에 9g짜리 구슬이 담겨 있다는 사실을 쉽게 알 수 있다. 이와 동일한 방법으로 총 무게가 148g이라면 2g 적은 것이므로 2번 상자, 147g이면 3g, 146g은 4g, 145g은 5g 적은 것이므로 각각 3번, 4번, 5번 상자라는 결과가 나온다.

그러나 좀 더 깊게 생각할 필요가 있다. 앞에서는 각 상자에서 꺼낸 구슬의 수가 15개라는 가정에서 답을 구했다. 하지만 상자마다 꺼내는 구슬의 수만 다르게 하면, 구슬의 개수와 상관없이 실측 무게가 정상 무게보다 '1g × 무게가 다른 구슬의 개수'만큼 가볍다는 조건을 충족시킬 수 있다. 정상 무게와 실측 무게의 차이를 보면 어느 상자에 9g짜리 구슬이 들어 있는지 알 수 있을 테니 말이다. 예를 들어 1번에서는 5개, 2번에서는 3개, 3번에서는 10개, 4번에서는 9개, 5번에서는 6개의 구슬을 각각 꺼내면, 구슬의 총 개수는 33개가 된다. 따라서 정상 무게는 '33 × 10=330g'인데 실측 무게가 그보다 5g이 적은 325g이라면, 정상 무게인 330g과 실측 무게인 325g의 차이(5g)로부터 1번 상자에 9g짜리 구슬이 들어 있다는 사실을 알 수 있다.

이대로라면 정답은 무한대 존재하게 된다. 그러나 함정은 정답이 무한대가 아니라는 것이다. 무한대가 되려면 상자의 크기가 무한대여야 하고 구슬이 무한대로 들어 있어야 하므로, 현실과 동떨어진 상황이 된다. 앞에서도 말했지만, 현대 사회에서는 IT업계뿐 아니라 모든 산업에 신속한 해결책을 요구하고 있으므로, 가능한 한 현실적으로 최단시간에 처리하는 방법을 택해야 한다.

그렇다고 앞에서 살펴본 최소한의 개수인 15개가 정답인가 하면, 유감스럽게도 정답이 아니다. 여기에 함정이 존재한다. 인간의 맹점은 이런 문제를 접하게 되면 일단 '구슬을 꺼내는 데' 급급하다는 것이다. 대부분의 사람들이 상자에서 구슬을 꺼내지 않겠다는 생각은 하지 못한다. 처음에 생각한 방법이 각각의 상자에서 1~5개의 구슬, 총 15개의 구슬을 꺼내는 것이었다면, 실제로 아무것도 꺼내지 않는 경우도 있다. 각각의 상자에서 0개, 1개, 2개, 3개, 4개의 구슬을 꺼낼 경우, 꺼내는 구슬은 15개보다 5개나 적은 10개가 된다. 자, 합격한 지원자의 답이다.

1번 상자에서 1개, 2번 상자에서 2개, 3번 상자에서 3개, 4번 상자에서 4개의 구슬을 꺼내 저울에 무게를 잰다. 5번 상자에서는 아무것도 꺼내지 않는다. 계량한 무게가 100g이면 9g의 구슬이 들어 있는 상자는 5번 상자, 99g이면 1번 상자, 98g이면 2번 상자, 97g이면 3번 상자, 96g이면 4번 상자가 된다.

20

미적분의 세계?

"언제 어디서 다른 개를 따라잡을까?"

사각형이 하나 있다. 각각의 꼭짓점, 즉 4개의 모서리에는 개가 한 마리씩 있다. 이 개들은 시계방향으로 이웃해 있는 개를 동일한 속도로 뒤쫓게 되는데, 최단거리로 추격할 수 있도록 매번 방향을 일직선으로 조정하면서 달린다. 이때 4마리의 개가 이웃한 개를 따라잡는 데 시간이 얼마나 걸릴까? 그리고 따라잡게 되는 위치는 어디인가?

설명을 돕기 위해 먼저 개에게 시계방향으로 1번에서 4번까지 번호를 붙여보자. 다시 말해 개1은 개2를, 개2는 개3을, 개3은 개4를, 개4는 개1을 뒤쫓게 된다.

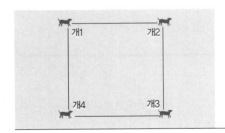

그림 20.1

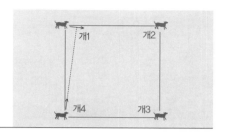

그림 20.2

　여기서 문제의 내용을 단순히 이웃한 개를 동일한 속도로 뒤쫓는 것으로 받아들이면, 자칫 사각형이라는 함정에 빠져 개가 그 변을 따라 달리는 것으로 생각하기 쉽다. 그렇게 되면 각각의 개는 앞의 개를 영원히 따라잡을 수 없다. 결국 답을 도출해내는 단계까지 갈 수도 없게 된다.

　그런데 문제를 잘 살펴보면, '이웃한 개를 최단거리로 추격할 수 있도록 매번 방향을 일직선으로 조정하면서 달린다'는 설명이 나와 있다. 이 해설 덕분에 개가 사각형의 변을 따라 달리는 것이 아니라는 사실을 알 수 있다. 이해를 돕도록, 각각의 개에 소형 레이저 광선장치를 매달아두었다고 가정해보자. 레이저 광선은 그 빛이 매우 강하기 때문에 자신이 목표물을 향해 똑바로 가고 있는지 여부를 명확하게 알 수 있다. 달리는 방향을 조정하면서 정확히 일직선으로 상대를 쫓아갈 수 있는 것이다.

　개1을 기준으로 한 상황이 그림 20.2다. 개4가 개1을 곧바로 뒤쫓는다는 것은 개4의 레이저 광선이 개1이 나아가는 방향과 '직각'이

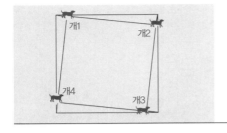

그림 20.3

된다는 의미다. 그리고 항상 일직선으로 상대를 쫓는다는 것은, 이 직각이 항상 유지되어야 한다는 것을 뜻한다. 즉 가령 자신은 움직여도 개1이 개4를 보면 항상 개4는 개1을 향해 일직선으로 온다는 것이다. 이 점이 중요한 포인트다.

우선 4마리의 개가 항상 직각을 유지하고 있는 상태임을 염두에 두고, 시간이 조금 경과했을 때를 생각해보자. 개 4마리는 모두 조금씩 이동했으며 서로에게 조금씩 가까워져 있다. 또한 뒤쫓는 개를 일직선으로 따라잡기 위해 4마리 개들의 방향도 각각 조금씩 바뀌어 있다. 그러나 앞에서 언급한 것처럼 이 4마리의 개는 여전히 그림 20.3과 같이 사각형의 상태를 유지하고 있다. 따라서 아무리 시간이

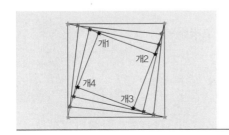

그림 20.4

경과해도, 그 어떤 순간에도 이 직각은 변함없이 사각형 상태를 유지하게 된다(그림 20.4).

이처럼 각각의 개가 이웃한 개를 일직선으로 뒤쫓아간다면 이 사각형의 형태는 그림 20.5와 같이 회전하면서 점차 작아지다가 마지막에는 개들이 사각형의 중심으로 모인다는 사실을 알 수 있다. 결국 4마리의 개가 서로 따라잡는 위치는 사각형의 중심점이 되는 것이다.

그렇다면 위치가 아닌, '언제 따라잡을 것인가'라는 시간에 관해서는 어떻게 답할 수 있을까? 서로 따라잡게 되는 시점이 사각형의 중심점에 도달했을 때이므로, 먼저 개가 중심점까지 달린 거리를 산출한 후 이를 개가 달리는 속도로 나누면 시간을 구할 수 있다.

그런데 문제에는 거리의 기준이 되는 사각형의 크기나 개의 속도에 관한 구체적인 수치가 나와 있지 않다. 실제로 이러한 수치를 알지 못하면, '언제 도달할 것인가' 하는 시간의 문제는 도저히 풀 수 없다. 이럴 때는 최초 사각형의 한 변의 길이를 'Lm', 개가 달리는

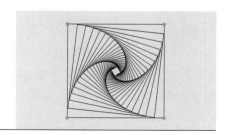

그림 20.5

일정 속도를 시속 'Vm'라는 일반화된 기호를 이용해 답하면 된다.

사각형의 크기를 설정했다 해도 이번에는 개가 달린 중심점까지의 거리를 어떻게 구할 것인가 하는 과제가 남는다. 그림 20.5처럼 개가 달리는 궤도는 나선형을 그리며 중심점을 향해나가므로, 그 거리, 즉 길이를 구하려면 미적분의 세계로 들어가야 한다.

여기서 잠깐! 다시 한 번 생각해보자. 과연 면접에 미적분을 응용하는 문제까지 낼 필요가 있었을까? 이러한 유형의 문제는 선입견이나 전문지식에 집착하기보다 가능한 한 '쉽게' 접근해야 한다.

개1이 계속 움직여도 개4는 항상 개1을 향해 일직선으로 달려오고 있다는 부분이 문제의 핵심이다. 결국 개4는 개1을 향해 일직선으로 움직이고 있는 것이므로 처음에 개4와 개1이 떨어져 있던 거리를 알면, 개1이 따라잡히는 시간은 간단히 계산할 수 있다. 즉 L을 V로 나눈 것이 따라잡히는 시간이므로 미적분은 사용할 필요가 없다. 자, 정답이다.

각각의 개가 이웃한 개를 향해 일직선으로 달리는 것이므로, 애초에 서로 떨어져 있는 거리를 Lm, 개의 속도를 시속 Vm라고 하면 따라잡는 시간은 'L/V'가 된다. 그리고 4마리의 개는 각각 사각형을 유지한 채 달리는 것이므로 따라잡는 위치는 개들이 전부 모이는 부분, 즉 사각형의 중심점이 된다.

21

안전의식과 경제의식

"아이스하키 링크에 있는 얼음의 무게를 구하시오."

이 문제를 보고 의아하게 여긴 사람이 적지 않을 것이다. MS사에서 낸 문제라고 하기엔 왠지 창의적인 발상이나 논리적인 사고와 거리가 멀어 보이기 때문이다. 사실 아이스하키 링크의 크기만 알면 간단히 답할 수 있는 질문이 아닌가.

이 문제를 해결하기 위해서는 먼저 얼음의 부피를 알아야 한다. 부피를 산출하면 결과적으로 얼음의 무게도 구할 수 있다. 그렇다면 부피를 구하는 조건인 '가로', '세로', '높이'의 세 가지 요소를 어떻게 알아낼 것인가? 전문 스태프나 선수가 아닌 이상 링크의 정확한 수치를 알 수 없으므로, 나름대로 지식을 동원해 링크의 크기를 예측해야 한다.

여기서는 국제빙상경기연맹 International Skating Union, ISU이 규정하고 있는 수치를 참고해보자.

ISU가 정식으로 규정하고 있는 아이스하키 링크의 표준 수치는 세로 61m, 가로 30m이며, 네 모서리의 반경은 약 8.5m다. 일반적으로 세로 56~61m, 가로 26~39m 내의 범위라면 공식 경기를 치를 수 있다.

다음은 '높이', 즉 얼음의 두께인데 이는 수치가 정해져 있지 않다. 승패와 관련이 있는 것은 경기장의 넓이이지 얼음의 두께가 아니기 때문이다. 여기가 포인트다. 아무리 꼼꼼하게 네 모서리의 수치까지 고려했다 하더라도, 두께가 얼마냐에 따라 부피는 크게 달라진다. 흔히 얼음의 두께가 얇으면 금이 쉽게 가므로 두꺼울수록 안전하다고 생각하기 쉬운데, 실제는 그 반대다. 얼음의 두께가 1m 정도 되면 오히려 쉽게 금이 가고 깨질 확률 또한 높다고 한다. 기포나 불순물이 섞이지 않은 두꺼운 얼음을 만드는 것은 매우 어려운 일이며, 얼음이 두꺼워질수록 무게의 압력이 증가해 균열이 쉽게 생기는 것이다. 게다가 링크 가득 엄청난 양의 물을 얼려야 하므로, 링크의 두께는 경제적인 효율성과 대단히 밀접하다. 일반적으로 경기장의 입지 조건이나 시공방법, 냉각설비 등을 바탕으로 안전성과 경제성 면에서 가장 알맞은 두께를 여러 차례 시뮬레이션해본 다음 결정하는데, 경기장의 공식적인 얼음 두께는 보통 4~7cm 이내라 한다.

이제 모든 수치를 알았으니 실제 링크의 순수 면적을 구해보자. 우선 세로 61m, 가로 30m인 링크의 면적을 계산하면 6,100cm×3,000cm=18,300,000cm²다. 여기서 네 모서리의 원형 부분을 제하기 위해 모서리 바깥의 대략적인 면적을 구해보자. 가로, 세로 17m인 정사각형의 면적에서 반지름이 8.5m인 원의 면적을 빼면 (1,700cm×1,700cm)-(3.14×850cm×850cm)=2,890,000cm²-2,268,650cm²=621,350cm²이 나온다. 따라서 아이스하키 링크의 실제 면적은 총 면적에서 이를 뺀 18,300,000cm²-621,350cm²=17,678,650cm²가 된다. 여기에 얼음의 두께를 평균 5cm로 가정하면 링크의 총 부피는 17,678,650cm²×5cm=88,393,250cm³라는 계산이 나온다.

물 1cm³의 무게는 1g이므로 물의 부피로 환산하면 약 88톤이다. 그러나 물은 얼음이 되면 부피가 9% 증가하므로 실제 물의 양으로 환산하면 88÷1.09≒80톤, 다시 말해 링크 얼음의 무게는 약 80톤이 된다. 덧붙이자면 얼음의 두께가 7cm일 경우에는 약 110톤, 4cm일 경우 약 65톤이다.

여러분은 아이스하키 링크의 크기를 어느 정도로 짐작했는가? 이 문제는 평소 사물을 얼마나 주의 깊게 관찰하고 있는지, 지원자의 안전의식과 경제의식이 어느 정도인지를 보기 위한 것이다. 따라서 지나치게 상식을 벗어나지 않는 범위 내에서 앞서 소개한 이론대로 설명한다면 합격할 수 있다. 하지만 얼음의 비중(比重)을 간과하거나 두께가 지나치게 다르면 탈락이다.

많은 사람이 얼음 두께를 추정하는 과정을 통해 지원자의 안전의식과 경제의식을 테스트한다고는 생각지도 못했을 것이다. 그러나 MS를 비롯해 어떤 기업에서든, 매 상황에서 안전의식과 경제의식을 발휘하지 않으면 작은 실수로 큰 화를 부르게 된다. 무릇 디테일한 부분에서 성패가 판가름 나는 법. 이번 문제는 이러한 위험을 사전에 방지하기 위한 것이 아닐까.

실제 신설 링크에서는 최적의 얼음 두께를 구하기 위해 사전에 면밀하게 시뮬레이션 테스트를 반복한다. 다시 한 번 말하지만, 비즈니스에서는 모든 사람에게 항상 철저한 안전의식과 경제의식이 요구된다는 점을 잊지 말자. 자, 정답이다.

세로 60m, 가로 30m인 링크의 면적은 1,800m²다. 얼음의 두께가 5cm면 부피는 90,000,000cm³이고 네 모서리의 원형부분을 제한 순수 부피는 약 85,000,000cm³가 된다. 물이라면 85톤이지만 얼음의 비중을 고려해 링크에 있는 얼음의 무게는 약 80톤으로 계산할 수 있다.

22

난관을 해결해줄 '번뜩이는 기지'

"흰 구슬이 나올 확률을 최대한 높여라!"

흰 구슬과 붉은 구슬이 각각 50개씩 있고, 빈 상자가 2개 있다. 구슬 100개를 2개의 상자에 나누어 담은 후 눈을 가리고 무작위로 상자 하나를 골라 구슬 1개를 꺼냈을 때, 흰 구슬이 나올 확률을 최대한 높이는 방법은 무엇인가?

흰 구슬과 붉은 구슬의 개수가 같으므로 이 조건에서 무작위로 구슬 1개를 꺼낸다면, 흰 구슬이 나올 확률은 아무리 생각해도 전체의 50%다. 과연 이 상황에서 흰 구슬을 꺼낼 확률을 높일 수 있을까?

먼저 2개의 상자를 각각 A와 B라 하자. A에 흰 구슬만 50개, B에 붉은 구슬만 50개를 넣었다고 가정했을 때, 흰 구슬을 꺼낼 확률은 전체에서 A상자를 고를 확률과 같다. 상자 A를 선택할 확률이 50%, A에서 흰 구슬을 꺼낼 확률은 100%이므로, 상자 A에서 흰 구슬을 꺼낼 확률은 '50%×100%=50%'가 된다. 이때 상자 B를 선택한 경우 흰 구슬을 꺼낼 확률은 '50%×0%=0%'다. 결국 무작위로 상자를 골라 흰 구슬을 뽑을 확률은 확률론에 의해 전자와 후자를 더한 '50%+0%=50%'가 된다.

이번에는 A에 흰 구슬 25개와 붉은 구슬 25개, B에 흰 구슬 25개와 붉은 구슬 25개를 넣었다고 가정해보자. 상자 A에서 흰 구슬을 꺼낼 확률이 '50%×50%=25%', B를 선택해 흰 구슬을 꺼낼 확률이 '50%×50%=25%'이므로, 둘을 더하면 흰 구슬을 꺼낼 확률은 50%가 된다.

그렇다면 양쪽 상자에 넣는 구슬의 조합을 바꾸어보는 것은 어떨까? 이번엔 A에 흰 구슬 30개와 붉은 구슬 20개, 반대로 B에 흰 구슬 20개와 붉은 구슬 30개를 넣어보자.

이때 A를 선택해 흰 구슬을 꺼낼 확률은 '50%×60%=30%'이고, B를 선택해 흰 구슬을 꺼낼 확률은 '50%×40%=20%'가 된다. 따라서 전체에서 흰 구슬을 꺼낼 확률은 '30%+20%=50%', 역시 결과에는 변함이 없다.

이제 어떻게 해야 할까? 어떤 방법을 써도 결과가 같을 것이라고 결론을 내릴 것인가? 아니면 반드시 답을 구할 수 있다고 믿어야 할까? 앞에서 도출한 결과들을 유심히 살펴보면 의외로 문제의 힌트를 쉽게 찾을 수 있다. A와 B에 구슬을 50개씩 넣는 한, 구슬이 들어 있는 비율과 관계없이 흰 구슬을 꺼낼 확률은 항상 50%가 된다는 사실이다.

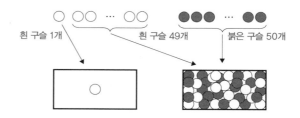

그림 22.1

흰 구슬 1개

흰 구슬 49개

붉은 구슬 50개

A 상자를 선택할 확률 50%, 흰 구슬을 꺼낼 확률 1/1%이므로
50%×1/1%=50%

B 상자를 선택할 확률 50%, 흰 구슬을 꺼낼 확률 49/99%이므로
50%×49/99%=24.7%

전체 확률은 50% + 24.7% = 74.7%(50%+24.7%)

이번엔 상자 A에 흰 구슬 20개와 붉은 구슬 10개를, 상자 B에 흰 구슬 30개와 붉은 구슬 40개를 넣어보자. 구슬의 비율이 30대 70이므로 A에서 흰 구슬을 꺼낼 확률은 '50%×20/30%=1000/30=33.3%', B에서 흰 구슬을 꺼낼 확률은 '50%×30/70%=1500/70=21.4%'가 된다. 전체 확률은 '33.3%+21.4%=54.7%'로 50%를 넘어서는 결과가 나온다. 즉 구슬의 수가 적은 상자에 흰 구슬을 많이 넣으면 전체적으로 흰 구슬을 꺼낼 확률이 높아짐을 알 수 있다.

여기까지 오면 정답에 거의 도달한 것이나 마찬가지다. 이제 극한의 경우를 생각해보자. 즉 A에 흰 구슬을 1개만 넣는 것이다. 이럴 경우 A를 선택해 흰 구슬을 꺼낼 확률은 '50%×1/1%=50%'이고, 흰 구슬 49개와 붉은 구슬 50개가 들어 있는 B를 선택해 흰 구슬을 꺼낼 확률은 '50%×49/99%=24.7%'이므로 그 합계는 '50%+24.7%=74.7%'가 된다.

이 문제는 지원자가 막막한 상황에서 번뜩이는 기지를 발휘해 극단적인 경우를 떠올릴 수 있는지를 판단하기 위한 것이다. 실제 비즈니스에서는 종종 '번뜩이는 기지'가 어려운 문제를 해결하는 결정적인 실마리가 되기도 한다. 정답은 다음과 같다.

한 상자에는 흰 구슬을 1개만 넣고, 다른 한 상자에는 나머지 99개의 구슬을 넣는다.

23

미지의 세계에 접근하는 방법

"대형 도서관에서 책을 찾아라."
당신은 처음 방문한 대형 도서관에서 어떤 책을 찾아야 한다. 그러나 이 도서관에는
당신을 도와줄 사서도 없으며, 책이 어떤 방식으로 분류되어 있는지도 모른다. 당신
이 원하는 책을 찾으려면 어떻게 해야 할까?

좀 더 수월한 접근을 위해 대형 도서관이 아니라 거리에서 흔히 볼
수 있는 서점을 떠올려보자. 규모가 작은 서점이라도 처음 방문하는
곳이라면, 자신이 찾는 책이 있는 코너로 곧장 향할 수는 없다. 대신
모든 서점은 여행이나 취미, 과학이나 컴퓨터, 문학이나 역사 같은
식으로 책을 장르별로 구분해둔다. 코너마다 각기 다른 표시를 해두
거나 안내도를 갖추어놓았기 때문에, 이것만 따라가면 쉽게 원하는
책을 찾을 수 있다.

다시 도서관 이야기로 돌아가자. 도서관도 서점과 마찬가지다.
아무리 작은 도서관이라도 장르별로 책을 분류해 표시해두고 있다.

사서는 없다 해도 안내를 맡은 직원 정도는 있기 마련이다.

하지만 유감스럽게도 문제의 도서관은 처음 방문하는 곳인 데다 규모도 매우 크다. 장르를 나타내는 표식도 없고 책이 어디 있는지 물어볼 사서도 없다. 이러한 조건에서 원하는 책을 어떻게 찾아야 할까?

하지만 이러한 상황에서도 탈출구는 있다. 도서관의 책들이 무질서하게 꽂혀 있는 것이 아니라, 일정 기준이나 관계에 따라 가지런히 꽂혀 있다는, 일종의 암묵적인 규칙이다.

문제는 책을 '효율적으로' 찾는 방법이 무엇이냐는 것이다. 시간이 얼마가 걸리든 상관없다면 인내심을 갖고 순서대로 찾아나가면 된다. 하지만 문제에는 '가능한 한 빠르게'라는 의미가 담겨 있음을 염두에 두어야 한다. 불필요한 시간 소모를 줄이기 위해 우선 전체를 파악한 다음 부분적인 요소에 접근하자. 도서관 내 전체 서가의 배치를 스케치하고 여기에 특정 장소를 체크해나가며 도서관에 책을 배치한 방식을 차근차근 밝혀나가면 된다. 다시 말해 어느 도서관에나 있는 통상적인 안내도를 '직접 만드는' 것이다.

《온난화와 지구환경》이라는 책을 찾는다고 가정해보자. 이때 발행일을 알고 있다면 기억해두는 것이 좋다. 먼저 서가에서 몇 권의 책을 꺼내 연대순으로 진열되어 있는지, 제목이나 저자명의 알파벳 순서로 진열되어 있는지 등을 확인하며 어떤 규칙으로 책을 배치했는지를 조사하자. 샘플로 고른 책이 자신이 찾고 있는 책과 관련이 있는 분야인지를 판단하는 것 또한 중요하다. 어떤 장르에 속해 있는지를 안내도에 기입해가는 동안 이 연결 고리를 통해 다음에 체크해야 할 지점을 좁힐 수 있을 테니 말이다.

도서관에서는 대개 관련 장르를 물리적으로 가까운 위치에 배치하므로, 찾는 책과 좀 더 밀접한 분야를 파악하는 것이 좋다. 한쪽은 예술분야, 다른 한쪽은 산업분야라면 아마도 예술분야 부근에는 문학이나 역사, 종교 등이 있을 것이고, 산업분야 가까이에는 기술이나 공학, 자연과학 등의 장르가 배치되어 있을 것이다. 우리가 찾는 《온난화와 지구환경》이란 책은 자연과학 장르의 서가에 진열되어 있을 가능성이 크므로 후자가 찾는 책과 좀 더 가까울 확률이 높다.

이렇게 도서관을 돌며 밝혀낸 규칙과 찾는 책과의 관계 등을 고려해 탐색범위를 순서대로 좁혀가면 된다. 대개는 몇 개의 장르를 안내도에 기입할 동안 도서관 특유의 원칙이 모습을 드러내기 마련이다. 그것을 파악해 범위를 좁혀가다 자연과학과 관련된 책을 발견하면, 그 지점에서부터 체크할 서가의 범위를 점차 좁혀나가자. 기상이나 환경 분야의 책이 나오면 그 주변을 집중적으로 찾아보면 된다.

한편 《온난화와 지구환경》의 내용은 자연과학뿐 아니라 정치나 경제, 혹은 의학이나 역사, 지리와도 밀접한 관련이 있으므로 도서관에 따라 진열 장소가 다를 수 있다. 또한 신간인지 예전에 나온 책인지, 서가에 들어가지 않는 크기의 서적인지, 아동용 서적인지 등등, 출판 목적과 형태에 따라 다른 코너에 배치될 수 있으니 이런 유의 서적은 사전에 조사해두는 것이 좋다.

실제 대형 도서관에 표식이나 안내판, 또는 사서나 안내직원이 전혀 없을 수는 없다. 그럼에도 굳이 이러한 질문을 던진 이유는 미지의 세계에 어떠한 방식으로 접근할 것인지, 그곳에 숨겨진 규칙을 밝히면서 목표에 도달하는 효율적인 방법을 제기할 수 있는지, 그 정도의 근성과 끈기를 갖추고 있는지 등을 테스트하기 위한 것이다. 결국 문제에 접근하는 방식을 판단하는 문제이기 때문에 답이 꼭 하나라고 볼 수는 없다. 다음은 샘플 답안이다.

일단 도서관의 서가에서 샘플로 몇 권의 책을 꺼낸다. 그 책들의 내용을 보고 그것이 연대순인지, 제목이나 저자명의 알파벳 순서인지, 어떤 규칙으로 서가에 배치되어 있는지를 조사하고, 샘플로 고른 책이 찾아야 할 책과 연관이 있는 장르인지 아닌지를 판단한다. 그 연관관계를 바탕으로 체크해야 할 다음 지점을 예측해 다시 책을 샘플링한다. 규칙을 알아갈수록 샘플링할 책의 수는 줄어든다. 이 방법으로 점차 탐색영역을 좁혀간다. 도중에 찾는 책이 있는 구역에 도달하면 구역 내 서가에 집중해 같은 방법으로 접근한다.

24

관점을 바꾸면 함정이 보인다

> **"3ℓ 물통과 5ℓ 물통으로 4ℓ의 물을 만들어라."**
> 3ℓ 물통과 5ℓ 물통이 하나씩 있다. 물은 얼마든지 쓸 수 있다. 정확하게 물 4ℓ를 계량하려면 어떻게 해야 할까?

생각지도 못했던 유형의 문제나 답을 알고 놀랐던 문제들에 비해, 이번 질문은 비교적 쉽게 답할 수 있을 것 같은 인상을 준다. 아마 답을 아주 쉽게 구하는 사람도 있을 것이다. 하지만 그것은 분명 물을 넣고 채우는 모습을 머릿속으로 상상하며 푼 경우다. 바로 여기에 함정이 있다. 이 문제는 '덧셈과 뺄셈을 이용해 3ℓ와 5ℓ에서 4ℓ를 구하라'는 것이다. 물을 얼마든지 쓸 수 있다는 조건은 3과 5라는 숫자를 얼마든지 사용해도 좋다는 의미와 같지만, 주어진 물통은 각각 하나뿐이므로 한계가 있다는 점을 염두에 두자.

먼저 물통이라는 현실을 떠나 관점을 바꾸어보자. 목표인 숫자

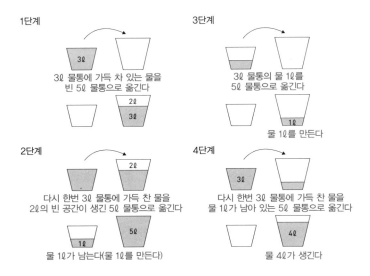

1단계

3ℓ 물통에 가득 차 있는 물을
빈 5ℓ 물통으로 옮긴다

2단계

다시 한번 3ℓ 물통에 가득 찬 물을
2ℓ의 빈 공간이 생긴 5ℓ 물통으로 옮긴다

물 1ℓ가 남는대(물 1ℓ를 만든다)

3단계

3ℓ 물통의 물 1ℓ를
5ℓ 물통으로 옮긴다

물 1ℓ를 만든다

4단계

다시 한번 3ℓ 물통에 가득 찬 물을
물 1ℓ가 남아 있는 5ℓ 물통으로 옮긴다

물 4ℓ가 생긴다

그림 24.1

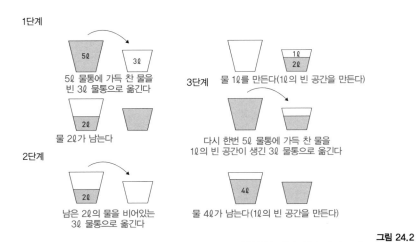

1단계

5ℓ 물통에 가득 찬 물을
빈 3ℓ 물통으로 옮긴다

물 2ℓ가 남는다

2단계

남은 2ℓ의 물을 비어있는
3ℓ 물통으로 옮긴다

3단계

물 1ℓ를 만든다(1ℓ의 빈 공간을 만든다)

다시 한번 5ℓ 물통에 가득 찬 물을
1ℓ의 빈 공간이 생긴 3ℓ 물통으로 옮긴다

물 4ℓ가 남는다(1ℓ의 빈 공간을 만든다)

그림 24.2

'4ℓ'에만 초점을 두고 생각하는 것이다. 3ℓ와 5ℓ로 4ℓ를 만드는 방법으로는 '3+1=4', '5-1=4'라는 2개의 단순한 식을 떠올릴 수 있다.

먼저 '+1'을 만들려면 어떻게 해야 할까? 3과 5를 최소로 사용한 식은 '3+3-5=1'이다. 즉 3ℓ 물통에 물을 채워 5ℓ 물통에 2번 부으면 3ℓ 물통에 물 1ℓ가 남는다. 5ℓ 물통을 비운 후 3ℓ 물통에 생긴 물 1ℓ를 5ℓ 물통에 담는다. 그리고 3ℓ 물통을 다시 가득 채워 이미 물 1ℓ가 담긴 5ℓ 물통에 부으면 합계 4ℓ의 물이 생긴다.

이 답은 '3+1=4'와 '5-1=4'라는 2개의 식 가운데 전자를 응용한 것이다. 전자의 '+1'을 실제 물 1ℓ로 생각한 것처럼, 후자의 '-1'을 물통의 빈 부분으로 바꾸어 생각해보자. '5-3-3=-1'이라는 식을 세우면 숫자 3과 5를 이용해 '-1'을 만들 수 있다. 즉 5ℓ 물통에 물을 가득 채워 3ℓ 물통에 가득 부으면 2ℓ의 물이 남는다. 다시 3ℓ 물통을 비우고 남은 물 2ℓ를 부으면 3ℓ 물통에는 1ℓ만큼의 공간이 남는다. 이 공간을 이용해 '5-1=4'를 구현할 수 있다. 결국 5ℓ 물통에 물을 가득 채워 3ℓ 물통의 빈 공간을 채우면 5ℓ 물통에는 4ℓ의 물만 남게 된다.

머릿속으로 물통을 상상해가며 문제를 푼 사람은 아마 하나의 답만 내놓았을 가능성이 크다. 반면 이렇게 식을 세워서 문제를 풀면,

사고가 한쪽으로 치우치는 것을 막을 수 있다. 이것이 바로 이 문제를 출제한 의도다. 자, 정답이다.

답안 1. 3ℓ 물통에 물을 가득 채우고 그 물을 5ℓ 물통에 붓는다. 3ℓ 물통을 다시 한 번 채운 후 5ℓ 물통에 물이 가득 찰 때까지 붓는다. 그리고 5ℓ 물통을 비운다. 3ℓ 물통에 남아 있는 1ℓ의 물을 빈 5ℓ 물통에 담는다. 그리고 다시 한 번 3ℓ 물통을 가득 채워 5ℓ 물통에 부으면 물 4ℓ를 만들 수 있다.

답안 2. 5ℓ 물통에 물을 가득 붓는다. 이를 비어 있는 3ℓ 물통이 가득 찰 때까지 붓는다. 이번에는 3ℓ 물통을 비우고 5ℓ 물통에 남아 있는 물 2ℓ를 붓는다. 3ℓ 물통에는 1ℓ의 빈 공간이 남게 된다. 다시 5ℓ 물통을 채우고 1ℓ의 빈 공간이 생긴 3ℓ 물통에 물을 부으면 5ℓ 물통에 물 4ℓ가 남는다.

25

사고 과정의 논리를 따져라

"후지산을 옮기는 데 시간이 얼마나 걸릴까?"

이 문제를 푸는 방식은 두 가지다. 먼저 후지산을 고스란히 옮기는 방법이다. 과거 유럽의 군주들이 노예들에게 이집트의 오벨리스크(obelisk, 고대 이집트에서 태양신앙의 상징으로 세웠던 기념비로 거대한 석재로 만들어졌다, 옮긴이)를 그대로 수도로 옮기게 했던 것처럼 말이다. 현재 성베드로 광장에 있는 오벨리스크는 25.5m라는 어마어마한 높이에, 무게도 320톤이나 나가는 거대한 건축물이다. 이를 해상으로 운송하기 위해 적재량이 수백 톤이나 되는 대형 선박 여러 척을 연결하였으며, 육지에서는 인부 800명과 말 150마리를 동원해 장장 4개월에 걸쳐 운반했다고 한다.

하지만 후지산의 경우 무게나 부피 면에서 이와는 비교도 안 될 만큼 현격한 차이를 보인다. 질문의 진의를 이해하지 못하고 '혹시 내가 잘못 들은 게 아닐까?' 혹은 '뭐 이렇게 황당한 문제가 다 있어?' 라고 반응할지도 모르겠다.

일단 문제가 어떻든 간에 실제 면접에서 출제된 문제이므로, 지원자는 어떤 식으로든 대답해야 한다. 이 문제는 시작부터 감을 잡기 어렵다는 점에서, 전 세계 피아노 조율사가 몇 명인지를 묻는 문제나 아이스하키 링크의 얼음 무게를 묻는 문제와 유사하다.

그렇다. 이 문제를 푸는 두 번째 방법은 바로 '페르미 추정'이다. 다시 말해 이 문제는 정확한 답보다 문제에 대한 지원자의 이해도와 사고방식, 그것을 풀어나가는 사고 과정을 테스트하기 위한 것이다. 따라서 답을 구하려면 페르미 추정에 따라 문제의 내용을 몇 가지 요소로 분해한 뒤, 그 내용을 순서대로 추정해 최종 결론을 도출해야 한다. 페르미 추정 문제는 어디까지나 그 사고 과정이 핵심이므로, 전제가 지나치게 상식에서 벗어나지 않는 한 합격점을 받을 수 있을 것이다.

일단 여기서는 후지산을 있는 그대로 옮기는 방식보다 꾸준히 파내는 채석작업을 생각해보자. 따라서 'ㅇㅇㅇ 분량의 흙과 돌이 있으므로 이를 채굴하고 옮기기 위해 ◎◎◎ 방법을 이용한다면 △△△ 정도의 시간이 걸릴 것이다'라는 식으로 접근해야 한다.

이때 필요한 것이 후지산의 부피다. 일반적으로 알려진 후지산의 높이는 1만 피트, 약 3,000m인데, 상세 정보에 따르면 약 3,800m라 한다. 다음은 산의 형태다. 흔히 머릿속에 떠올리는 후지산의 모습은 스피커 모양의 원뿔형으로 정상 부분은 좁고 중간부터 넓게 퍼지는 모양이다. 여기서 산 밑변의 지름을 높이의 약 10배 정도인 40km로 추정해 부피를 구해보자.

이때 원뿔의 부피가 원기둥 부피의 1/3이라는 초보적인 수학 지식조차 모른다면 문제를 풀어갈 수 없다. 따라서 높이가 3,800m, 밑변의 반지름이 20km인 원뿔(후지산)의 부피는 '3,800 × π × (20,000)^2 ÷ 3 = 1,590,000,000,000 ≒ 1조 6,000억m^3'가 된다. 이때 후지산의 정상이 평평한 형태를 띠고 있는 것과 산 중턱이 움푹 패여 있다는 점을 감안해 약 2,000억m^{3}를 제하면, 실질적인 부피는 약 1조 4,000억m^{3}로 추정할 수 있다.

워낙 방대한 숫자이므로 수치상으로는 실감이 나지 않을 것이다. 질문의 답인 '시간'을 구하기 위해 좀 더 구체적이고 친숙한 양으로 환산해보자. 예를 들어 덤프트럭 몇 대가 있어야 이를 옮길 수 있을지 계산해보는 것이다.

이때 덤프트럭 적재함의 크기나 적재량을 알아야 하므로, 평소에 사물을 주의 깊게 관찰하는지의 여부가 합격 여부를 크게 좌우한다. 주변에서 볼 수 있는 덤프트럭의 적재함은 길이 3m, 폭 2m 정도이고, 흘러넘치지 않도록 엄격하게 제한된 토사의 높이는 대략 1.2m 정도다. 결국 덤프트럭 1대가 운반할 수 있는 토사의 양은 '3×2× 1.2=7.2m³'이므로 후지산의 토사를 옮기는 데는 '1조 4,000억m³÷ 7.2m³=1,944억≒2,000억', 약 덤프트럭 2,000억 대가 필요하다.

자, 이번에는 실제 작업을 살펴보자. 덤프트럭 1대가 토사를 굴착해 운반하려면 시간이 얼마나 걸릴까? 후지산에는 표면의 부드러운 흙뿐 아니라 단단한 암반도 있으므로 굴착시간을 일괄적으로 계산할 수는 없다. 바로 이 부분이 '페르미 추정'의 특성이므로, 일단 상식적으로 생각할 수 있는 범위 내에서 추정해나가자.

평탄한 토지를 굴착하는 것을 전제로 하고 이 작업을 혼자서 한다고 가정했을 때, 덤프트럭 1대의 굴착작업은 적어도 하루는 걸릴 것으로 추정된다. 휴일을 고려하지 않고 단순 계산을 하면, 결국 한 사람이 작업하는 데 2,000억 일, 약 5.5억 년이 소요되는 셈이다.

작업인원을 늘려 60억 명 세계 인구가 모두 이 작업에 착수한다고 가정하면, 단순 계산으로 약 1개월 만에 후지산을 옮길 수 있을 것이다. 한편 대기업이 최신 굴착기와 1만 명의 인력을 투입할 경우에는 600~1,000년 정도면 가능하다는 계산이 나온다.

이 질문의 취지 역시 정확한 수치를 묻기 위한 것이 아니다. 어디까지나 결과를 산출하기까지의 과정을 파악하기 위한 것으로, 그 과정이 논리적인지 아닌지에 따라 합격, 불합격을 판단하게 된다. 따라서 정답은 여러 개이며, 샘플 답안은 다음과 같다.

오늘날의 기술로 후지산 전체를 고스란히 옮기는 것은 무리이므로, 채석작업에 국한해 생각한다. 후지산의 높이를 3,800m, 산 밑변의 지름을 높이의 10배로 추정하면 후지산의 부피는 1조 6,000억m³가 되는데, 평평한 정상 부분과 중턱의 움푹 들어간 부분을 빼면 실질적인 후지산의 부피는 1조 4,000억m³로 추정 가능하다. 이 부피를 '3×2×1.2m³'의 적재용적을 갖는 덤프트럭에 싣는다면, 후지산의 토사를 실어나르는 데 덤프트럭 약 2,000억 대가 필요하다는 결론이 나온다. 일반적인 산이 아니라 평평한 토지를 굴착하는 조건에서 혼자 이 작업을 한다고 가정하면, 덤프트럭 1대의 작업은 적어도 하루가 걸린다. 따라서 운반 장소나 복원을 제외하고 단순하게 굴착해 운반하는 데만 약 2,000억 일이 소요된다.

26

'재빠른' 파악과 '번뜩이는' 기지

"2개의 도화선으로 45분을 재려면?"

2개의 도화선이 있다. 2개의 도화선 모두 완전히 타는 데 정확히 1시간이 걸린다. 하지만 2개의 도화선은 일정한 속도로 타지 않으며, 빨리 타는 부분이 있으면 늦게 타는 부분도 있다. 2개의 도화선과 1개의 라이터를 이용해 정확히 45분을 재려면 어떻게 해야 할까?

일단 1개의 도화선을 반으로 접고 그 반을 또 반으로 접어 표시한 뒤 다시 원래대로 펴보자. 이때 도화선 한쪽 끝에 불을 붙여 정확히 세 번째 위치, 3/4 지점까지 탄 시점이 45분이 되지 않을까?

하지만 이는 어디까지나 도화선이 일정한 속도로 타고 있다는 가정에서 가능한 답인 데다, 도화선 1개로도 해결할 수 있으므로 정답이 아니다.

그렇다면 2개의 도화선을 X자 형태로 겹쳐놓고 도화선의 양 끝, 즉 네 곳 중 하나에 불을 붙이면 어떻게 될까?

이 경우 2개의 도화선이 서로 겹쳐진 지점까지 타들어가면 불길이 세 갈래로 갈라질 것이다. 처음에 불을 붙인 도화선이 직진방향으로 다 탈 때까지는 당연히 1시간이 걸린다. 그러나 그 교점이 어디든 교차한 또 다른 도화선의 끝에 불이 도달하는 시간은 알 수 없으며, 두 줄을 어떤 방법으로 겹쳐 놓든 문제의 단서 또한 찾을 수 없다. 결국 중요한 포인트는 도화선의 '길이'로는 절대 시간을 측정할 수 없다는 점이다.

따라서 '길이'가 아닌 다른 기준을 찾아야 한다.

혹시 '시간'을 기준으로 할 수는 없을까? 이러한 발상으로 문제를 다시 들여다보자.

시간을 기준으로 할 때 45분을 가장 쉽게 구하는 방법은, 1시간을 절반으로 나누고 그것을 다시 절반으로 나누는 것이다. 그렇다면 먼저 1시간의 절반인 30분을 측정하는 방법을 생각해보자.

이쯤에서 머릿속 전구에 불이 '반짝' 켜진 사람도 있을 것이다. 도화선의 양끝에서 동시에 불을 붙여보는 것은 어떨까? 분명 2개의 불은 어디선가 만나게 되어 있다. 양끝에서 타들어가기 시작한 불이 도중에 충돌하는 지점은, 불을 붙인 후 정확히 30분이 경과한 지점이다. 1개의 도화선이 타는 데 1시간이 걸리기 때문이다. 결국 양끝에서 타들어간 불이 만날 때까지의 시간이 전체 도화선이 타는 시간의 절반임을 깨닫는 순간 문제는 간단해진다.

먼저 이 방법으로 30분을 잰 후에는 나머지 15분도 똑같은 방법으로 잴 수 있다. 15분은 30분의 절반이므로 전체가 30분 만에 완전히 타버리는 도화선을 만들면 된다.

첫 번째 도화선의 양끝에 불을 붙이는 동시에 두 번째 도화선의 한쪽 끝에도 불을 붙인다. 결과적으로 30분이 경과된 시점에 첫 번째 도화선은 완전히 타버리고, 두 번째 도화선은 앞으로 30분 더 탈 수 있는 만큼의 길이가 남게 된다. 이때 타고 있는 두 번째 도화선의 나머지 한쪽 끝에 불을 붙이면, 다시 양쪽의 불이 만날 때까지 15분이 걸린다.

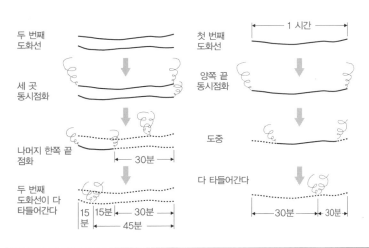

그림 14.1

150

이 문제를 낸 의도는 '도화선의 길이에 집착하면 절대 시간을 잴수 없다'는 사실을 얼마나 빨리 깨닫는지를 판단하기 위해서다. 다시 말해 기존 관점으로 해결되지 않을 때 재빨리 사고를 전환하는 자질을 갖추고 있는지, 번뜩이는 기지를 발휘할 수 있는지를 시험하는 것이다. 자, 정답이다.

첫 번째 도화선의 양쪽 끝에 불을 붙이는 동시에 두 번째 도화선의 한쪽 끝에도 불을 붙인다. 첫 번째 도화선이 전부 타버린 순간, 두 번째 도화선의 남아 있는 다른 한쪽 끝에도 불을 붙인다. 결국 두 번째 도화선의 양쪽 불이 만나는 곳이 45분을 잴 수 있는 지점이다.

27

결국 원하는 건 문제해결력

"호수 밖 도깨비를 피하라!"

완전한 원 모양의 호수가 있다. 그리고 당신은 정확히 호수 한가운데서 보트를 타고 있다. 호숫가에는 당신을 잡으려는 도깨비가 호시탐탐 기회를 노리고 있다. 다행히 도깨비는 수영을 하지 못하며 보트도 없다. 게다가 호숫가까지 도달했을 때 도깨비가 기다리고 있지 않는 한, 당신은 육지에서 도깨비보다 빨리 뛰어 달아날 수 있다. 자, 질문이다. 도깨비는 보트가 내는 최고 속도보다 4배 더 빨리 달릴 수 있다. 또한 시력이 매우 좋고 잠을 자지 않으며 대단히 논리적이다. 그는 당신을 잡기 위해 할 수 있는 것은 뭐든 다 할 것이다. 어떻게 해야 도깨비로부터 도망칠 수 있을까?

대부분의 사람들이 도깨비의 약점을 힌트 삼아 여러 가지 해결책을 생각해낼 것이다. 예를 들어 육지에서는 도깨비보다 빨리 뛸 수 있으므로, 호숫가에 가능한 한 가까이 접근한 뒤 도깨비를 맞닥뜨리기 직전에 땅으로 뛰어내려 도망치는 방법이 있다. 그 밖에 도깨비가 수영을 못한다는 점을 이용해, 일단 호숫가로 다가가 도깨비의 눈을 피해 잠수했다가 도깨비가 예상치 못한 장소에서 육지로 올라가

쏜살같이 도망치는 방법도 있다.

하지만 이러한 답변은 난센스 퀴즈의 정답과 다를 바가 없다. 지금까지 그랬듯이 면접관이 요구하는 답변은 어디까지나 모든 조건을 만족시키는, 논리적이고도 보편적인 답이다. 어디 그뿐인가. 앞에서도 여러 차례 언급했다시피 '정답은 ○○ 다'라고 무조건 답을 제시하기보다, 답을 논리적으로 구하는 사고 과정이 더더욱 중요하다. 그러기 위해서는 최초의 돌파구, 문제를 풀 단서를 빨리 찾아내야 한다.

먼저 도깨비로부터 도망치는 가장 분명한 방법은, 호수 한가운데서 도깨비가 있는 곳과는 정반대의 호숫가를 향해 최단거리로 보트를 운전하는 것이다. 이때 보트와 도깨비의 속도는 정해져 있으므로 보트가 도착하는 호숫가와 도깨비 사이의 거리가 문제다.

여기서 도깨비는 보트보다 4배 더 빨리 달릴 수 있다는 조건이 등

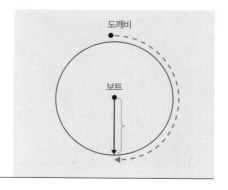

그림 27.1

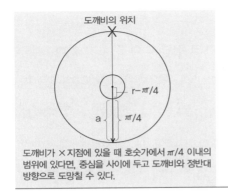

도깨비의 위치

r−π/4

a

π/4

도깨비가 ×지점에 있을 때 호숫가에서 π/4 이내의
범위에 있다면, 중심을 사이에 두고 도깨비와 정반대
방향으로 도망칠 수 있다.

그림 27.2

장한다. 당신은 호수의 반지름(r)에 해당되는 거리만큼만 보트로 달리
면 되지만, 수영을 못 하는 도깨비는 호숫가를 따라 호수 둘레(2πr)의
절반에 해당하는 거리(πr)만큼을 달려야 한다. 그러나 도깨비는 당신
보다 4배 더 빨리 달릴 수 있고 π는 4보다 작으므로, 호수 한가운데
서라면 어느 방향으로 도망쳐도 호숫가에서 도깨비를 만나게 될 것
이다.

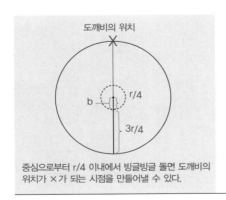

도깨비의 위치

r/4

b

3r/4

중심으로부터 r/4 이내에서 빙글빙글 돌면 도깨비의
위치가 ×가 되는 시점을 만들어낼 수 있다.

그림 27.3

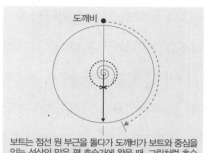

보트는 점선 원 부근을 돌다가 도깨비가 보트와 중심을 잇는 선상의 맞은 편 호숫가에 왔을 때, 그림처럼 호숫가를 향해 곧장 달린다. 보트가 호숫가에 도착한 순간에도 도깨비는 이쪽을 향해 달려오고 있는 상태가 된다.

그림 27.4

그렇다면 호수의 어느 지점에서 도망쳐야 도깨비를 피해갈 수 있을까? 도깨비는 호숫가 주변을 따라 항상 보트와 최단 거리를 유지하며 쫓아올 텐데 말이다. 바로 이 점이 문제의 힌트가 된다. 당신이 보트를 타고 원을 그리는 동안 도깨비 또한 원을 그리며 호수 전체를 돈다는 사실 말이다. 보트가 그리는 원이 호수의 원보다 확연히 작으면, 보트가 조금만 이동해도 도깨비의 이동 거리는 커진다. 보트가 호수의 중심을 한 바퀴 도는 데 시간이 얼마 안 걸리는 반면, 도깨비가 호숫가 주변을 한 바퀴 도는 데는 보트보다 훨씬 많은 시간이 걸리기 때문이다. 자연히 도깨비가 늦을 수밖에 없다.

도깨비는 당신이 탄 보트보다 최고 4배까지 빨리 달릴 수 있기 때문에 당신이 움직이는 거리의 최대 4배까지만 커버할 수 있다. 호수의 원둘레가 $2\pi r$이므로 당신이 보트를 타고 그릴 수 있는 가장 큰 원의 둘레는 $\pi r/2$이다(이때 원의 반지름은 $r/4$이다). 만일 당신이 반지름이 r/4 이하인 원을 그린다면 호수 전체를 다 돌아야 하는 도깨비는 당신을 따라잡을 수 없게 된다(그림 27.3).

다시 말해 호수 한가운데서 출발한 보트는 작은 원을 그리며 반지름이 1/4r이 되는 지점까지 나아간다. 도깨비가 당신이 있는 곳으로부터 180도 뒤떨어질 때까지 계속 빙글빙글 돌다 도깨비와 반대편에 있게 될 때 쏜살같이 물가로 곧장 나아가면, 도깨비가 오기 전에 상륙해 도망칠 수 있다(그림 27.4). 자, 정답이다.

보트는 호수 중심에서 작은 원을 그리며 반지름이 r/4이 되는 지점까지 나아가 빙글빙글 돈다. 그러다 호수 한가운데를 사이에 놓고 당신과 도깨비가 반대편에 있게 될 때, 즉시 일직선으로 호숫가를 향해 나아간다.

발상의 전환

자신에게 일어난 운 나쁜 사건들은 이미 지워버릴 수 없는 사실이다. 이를 불운으로 끝낼지, 불운을 전환점 삼아 행운으로 바꿀지는 본인의 의지에 달려 있다. **—이나모리 가즈오**

불운을 행운으로 바꾸는 힘

　이나모리 가즈오는 일본에서 가장 이상적인 경영자를 묻는 투표마다 당당히 1위에 이름을 올리는, 최고의 경영자다. 하지만 그의 명성에 비해 그가 걸어온 인생은 그리 평탄치만은 않았다. 오히려 '왜 내게만 이런 일이? 나는 이 세상에 필요 없는 사람이 아닐까?'라고 좌절할 정도로 불운의 연속이었다. 심지어 그는 모든 것을 그만두고 야쿠자가 되려고 마음먹은 적도 있었다.

　그런데 어떻게 그런 사람이 연매출 4조 6,000억 엔(2009년 3월)에 달하는 교세라와 KDDI라는 거대한 기업을 세울 수 있었을까? 유니클로를 세운 야나이 다다시처럼, 그의 삶에도 우연이 아닌 필연이 존재한다.

그가 '왜 나에게만?'이란 생각을 하게 된 발단은 중학교 입시였다. 초등학교 6학년 때 담임 선생님이 가정형편이 좋은 아이들을 차별한 것에 불만을 품은 이나모리는 앞장서서 항의에 나선다. 결국 그는 담임의 눈 밖에 나 그토록 가고 싶었던 명문 중학교에 들어가지 못했다.

자신보다 성적이 좋지 않았던 다른 친구들이 모두 합격한 것을 보고 내심 분개한 소년은, 만반의 준비를 마친 후 다음 해 다시 도전했다. 그런데 이번에는 시험을 앞에 두고 큰 병에 걸려 또 떨어지고 말았다. 그는 그때부터 자신을 지독히도 운이 없는 놈이라고 생각하게 되었다.

그의 불운은 계속되었다. 어렵게 들어간 대학을 졸업할 무렵, 갑자기 경기가 나빠져 극심한 취업난을 맞게 된 것이다. 그나마 그를 걱정해준 교수님의 주선으로 취직을 하긴 했지만, 전공과는 무관한 무기화학 업종의 회사였다. 게다가 회사는 월급도 제대로 주지 못할 만큼 어려워서, 5명의 입사 동기 중 셋은 6개월도 되지 않아 회사를 그만둬버렸다. 이나모리와 남은 동기는 불평만 늘어놓다 차라리 자위대라도 들어가야겠다는 생각에 시험을 쳤는데, 두 사람 모두 합격했지만 이나모리는 가족의 반대로 입대 수속에 필요한 호적등본을 제때 제출하지 못해 마지막 동기마저 떠나보내는 신세가 된다.

그는 훗날 그때의 심정을 이렇게 말했다.

"나는 비로소 내 인생에 대해 깊이 생각해보았다. 사면초가인 상태에서 불평만 늘어놓는다고 달라질 것은 없다. 자신의 인생을 탓하는 것은 누워서 하늘에 침을 뱉는 것과 같다. 단 한 번뿐인 소중한 인생을 헛되이 보낼 수는 없지 않은가. 아무리 환경이 나쁘더라도 내 운명을 이 회사에서 개척해나갈 수밖에 없다.

신기하게도 마음을 고쳐먹은 순간, 나의 운명은 바뀌었다. 마음가짐을 바꾸고 업무에만 집중하자 모든 일이 거짓말처럼 술술 풀리기 시작했다. 어느덧 기숙사로 돌아가는 것도 귀찮아져 연구실에서 먹고 자기를 거듭할 정도였다. 이렇게 잠도 자지 않고 열심히 노력한 결과, 입사한 지 1년 6개월 만에 고토 감람석Forsterite이라는 새로운 세라믹 재료를 일본에서 처음으로 만들어냈다. 대기업인 마쓰시타 전공의 주문을 받게 된 것도 이 때문이었다."

그때 그의 심정은 먹구름 가득한 하늘에서 새어나오는 한 줄기 환한 빛을 발견한 기분이었을 것이다. 기나긴 어둠의 터널을 빠져나올 수 있었던 것은, 힘든 환경일수록 마음을 다잡고 적극적으로 해보겠다는 그의 의지 덕분이었다. '발상의 전환'이 그의 인생을 밝은 미래로 이끈 터닝 포인트가 되어준 것이다.

하지만 모든 일이 순조롭게 풀릴 것 같았던 청년의 인생에 또 한 번 시련이 닥친다. 마쓰시타 전공과의 거래를 계기로 더 큰 규모의

신제품 의뢰가 쇄도했지만, 그에 맞는 제품을 개발하지 못한 것이다. 뚜렷한 성과를 내지 못하고 속절없이 시간을 보내던 중 사장과 그의 상사마저 교체되고야 만다. 설상가상으로 새로 부임한 상사는 이나모리에게 "자네의 경력과 기술로는 여기까지가 한계네. 이제 다른 기술자를 투입할 테니 자네는 손을 떼게나."라는 말을 던졌다.

그는 그 말을 듣고 자신의 모든 것을 쏟았던 회사를 떠나기로 결심했다. 그 후 이나모리에게서 가능성을 발견한 투자자가 자금을 대겠다고 나섰고, 그를 따라나선 7명의 직원과 함께 세운 회사가 지금의 교세라다.

자, 지금까지 그의 발자취를 되돌아보았다. 여기에 중요한 메시지가 있다. 그는 '왜 나에게만'이라고 외칠 수밖에 없을 만큼 수많은 불운과 역경을 겪었다. 만일 중학교 입시, 구직 활동, 자위대 입대 중 어느 것 하나라도 잘 풀렸다면 그의 인생은 어떻게 되었을까?

모든 일이 생각한 대로 풀렸다면, 그는 지금의 자리에 서지 못했을 것이다. 우연처럼 보이는 일도 되짚어보면 모두 필연으로 연결되어 있다. 이를 결과론으로 단정 짓는 사람이 있다면 다시 한 번 생각해보기 바란다. 단언컨대 그것은 잘못된 판단이다. 자신에게 일어난 운 나쁜 사건들은 이미 지워버릴 수 없는 사실이다. 이를 불운으로 끝낼지, 불운을 전환점 삼아 행운으로 바꿀지는 본인의 의지에 달려 있다. 이렇게 마음가짐을 바꾸는 데 큰 에너지가 필요한 것은 아니지만, 마음가짐을 바꾸면 인생을 바꿀 수 있다.

자, 다시 문제로 돌아가자. 이번에는 각계 최고의 자리에 오른 사람들의 성공 요인 중 하나인 '발상의 전환'을 응용한 문제들이다. 막막한 문제일수록 평소와 다른 관점에서 접근한다면 쉽게 해결할 수 있을 것이다.

28

숨겨진 단서에 주목하라

"면접실로 향하는 문은 어느 것인가?"

정면에 2개의 문이 있다. 하나는 면접실로 가는 문이고 다른 하나는 밖으로 나가는 문이다. 문 옆에는 안내원이 있는데, 그가 이 회사 직원인지 경쟁사 직원인지는 알 수 없다. 이 회사 직원은 항상 진실만을 말하고, 경쟁사 직원은 항상 거짓만을 말한다. 당신은 면접실로 향하는 문을 알아내기 위해 안내원에게 한 가지 질문만 할 수 있다. 당신이라면 어떻게 질문하겠는가?

안내원이 진실을 말하는 사람인지, 거짓을 말하는 사람인지 알 수 없기 때문에 "이 문이 면접실로 가는 문입니까?" 같은 질문으로는 원하는 답을 얻을 수 없다. 우리는 여기서 2개의 대답('예'나 '아니오')이 나오는 질문으로는, 이 문제를 풀 수 없다는 결론을 내릴 수 있다. 따라서 한 가지 질문으로 똑같은 대답을 얻을 수 있는 질문을 생각해내야 한다.

자, 이제 뭔가 떠오르지 않는가? 그렇다. 바로 이중 부정이다. '부정의 부정은 긍정'인 것처럼, 거짓을 말하는 사람의 대답은 항상 '거짓의 거짓=진실'이 된다. 한편 진실을 말하는 사람의 대답은 항상 진실이므로, 이중 부정과 상관없이 언제나 진실을 말한다. 결국 똑같은 대답을 얻으려면 '이중 부정'을 사용한 질문을 던져야 한다.

그렇다면 구체적인 질문을 만들어보자. 어느 문이든 좋으니 한쪽 문을 가리키며 다음과 같이 질문해보자.

"이 문이 면접실로 가는 문인지 묻는다면, 당신은 그렇다고 대답하겠습니까?"

이 회사의 직원이라면 항상 진실을 말하므로 "예, 그렇습니다."라고 답할 것이다. 경쟁사 직원이라면 "이 문이 면접실로 가는 문입니까?"라고 물었을 때, 정말 면접실로 가는 문이라면 "아니오."라고 대답할 것이다. 하지만 이 질문은 자신의 '대답'을 묻는 것이다. 자신이 어떻게 대답할지를 사실대로 말하면 안 되므로 최종적으로는 "예."라고 대답하게 된다. 즉 자신의 대답에 대한 거짓을 말하므로 결국 '이중부정'으로 답하게 되는 것이다.

반대로 가리킨 문이 밖으로 나가는 출구라면 어떨까? 이 회사 직원이라면 당연히 "아니오."라고 답할 것이다. 경쟁사 직원은 면접실로 가는 문이 아니므로 "예."라고 답해야겠지만, '자신의 대답'에 대해 거짓을 말해야 하므로 결국 "아니오."라고 답할 것이다.

물론 이러한 질문은 얼마든지 만들 수 있다. 어떤 문을 가리키더라도 진실을 알 수 있으므로, 한쪽 문을 가리키며 "당신은 ○○ 라고 답할 것입니까?"라고 묻기만 하면 된다.

그렇다면 이 문제를 출제한 의도는 무엇일까? 물론 논리적인 사고를 평가하기 위한 것이기도 하지만, 여기서는 하나의 질문을 던졌을 때 2개의 답변이 나와서는 안 된다는 '발상의 전환'이 가능한지를 판단하는 것이 주된 목적이다. 정답은 여러 개가 있겠지만, 여기서는 그중 하나만 제시한다.

> 어느 문이든 좋으니 문을 가리키며, "이 문이 면접실로 가는 문인지 묻는다면, 당신은 그렇다고 대답하겠습니까?"라고 묻는다. 안내원이 이 회사 직원이든 경쟁사 직원이든 "예."라고 대답하면 그 문은 면접실이고, "아니오."라고 대답하면 그 문은 출구다.

29

벽에 부딪혔다면 발상을 바꿔라

"천국으로 가는 길을 맞혀라?"
두 갈래 길이 있다. 한쪽은 천국으로, 다른 한쪽은 지옥으로 가는 길이다. 그 앞에는 처칠과 히틀러, 스탈린이 있는데, 외모만 봐서는 세 사람을 구분할 수 없다. 단, 처칠은 항상 진실을 말하고 히틀러는 항상 거짓을 말한다. 스탈린은 진실을 말하기도 하고 거짓을 말하기도 한다. 질문은 2번까지 할 수 있다. 어떻게 질문해야 천국으로 가는 길을 찾을 수 있을까?

미리 말해두겠지만, 이 문제는 출처를 알 수 없을 만큼 오래된 것으로 MS사의 면접에 나온 문제는 아니다. 하지만 비교적 난이도가 높기 때문에 28번 문제를 모르는 상태에서 갑자기 이 질문을 접한다면, 아마도 많은 사람들이 제대로 답하지 못할 것이다.

그렇다면 문제에 수월하게 접근할 수 있도록 앞의 문제와 비교해 보자. 앞의 문제에서는 진실 혹은 거짓을 말하는 사람이 단 1명씩이 었지만, 이번에는 진실과 거짓을 섞어서 말하는 사람까지 포함해 모두 3명이 등장한다. 언뜻 복잡해 보이긴 하지만 자세히 살펴보면 조건은 동일하다. 면접실과 출구가 이 문제에서는 천국과 지옥으로 바뀌었을 뿐, 본질적으로 변한 것은 없다. 게다가 진실을 말하는 사람과 거짓을 말하는 사람이 있다는 조건 역시 다르지 않다. 다시 말해 진실과 거짓을 모두 말하는 사람, 스탈린만 빼면 앞 문제와 똑같은 질문으로 천국으로 가는 길을 알아낼 수 있다. 따라서 먼저 스탈린이 누구인지 찾아내기만 하면 문제는 해결된다. 총 2번의 질문 기회를 준이유는 스탈린을 구별할 수 있는 질문을 추가했기 때문이다. 그러니처칠은 '진실'에 의해, 히틀러는 '이중 부정'에 의해 두 사람 모두 진실을 말하도록 질문에 장치를 해두어라.

이해를 돕기 위해 지금부터 구체적인 상황을 설정하여 설명해보자. 먼저 A·B·C 세 명 중 A를 지목하며 B에게 묻는다.

"당신은 '이 사람이 스탈린입니까?'라는 질문에 '예, 그렇습니다'라고 답하겠습니까?"

만일 A가 스탈린이라면 어떨까? B가 처칠이나 히틀러일 경우, 문제의 조건에 따라 대답은 "예, 그렇습니다."가 된다. 이때는 지목당한 사람(스탈린) 말고 남아 있는 C에게 천국으로 가는 길을 물어야한다. 왜 '남아 있는 C'를 선택해야 하는가? 그것은 질문을 받은 B가 스탈린일 경우를 대비해야 하기 때문이다. 스탈린은 진실과 거짓

168

을 아무렇게나 말하므로, A를 보고 스탈린이라고 거짓말을 할 수도 있고, 아니라고 진실을 말할 수도 있다. 이 모든 경우의 수를 조합해 보면 "예."라고 대답할 때 적어도 A와 B 둘 중 하나는 스탈린이 확실하다는 결론이 나온다. 그러므로 스탈린의 거짓말이 미치지 않는 대상인 C에게 다음과 같이 두 번째 질문을 던지는 것이다.

"당신은 이 길이 천국으로 가는 길이냐는 질문에 '예, 그렇습니다'라고 답하겠습니까?"

그러면 C의 답변을 통해 천국으로 가는 길을 알 수 있을 것이다.

반대로 A가 스탈린이 아니라면, B가 처칠이든 히틀러든 모두 "아니오."라고 대답할 것이다. 따라서 이때는 A에게 두 번째 질문을 던지면 된다.

모든 질문의 공통된 부분을 정리하면 다음과 같다

	질문한 사람	지목한 사람	남아 있는 사람	질문한 사람	지목한 사람	남아 있는 사람
모든 조합						
첫 번째 대답	'아니오'			'예'		
두 번째 질문을 받는 사람		○				○

표 29.1

이 경우 "아니오."라고 하는 한 B가 스탈린이더라도 진실을 말하는 것이므로, A가 스탈린이 아니라는 사실을 의심할 필요는 없다.

즉 가리킨 대상이 스탈린인지 물을 때 대답이 "아니오."라면, 두 번째 질문은 항상 지목당한 사람에게 하면 된다. 반대로 질문받은 사람의 답이 "예."라면 두 번째 질문은 질문하지 않았던 나머지 한 사람에게 하면 된다(그림 29.1).

이 문제는 제멋대로 답하는 스탈린의 존재가 풀이를 어렵게 만든다. 문제를 쉽게 풀려면, 이 스탈린을 역으로 이용해야 한다. 다시 말해 진실 혹은 거짓을 말하는 스탈린을 의식하기보다, 큰 비중을 두지 않겠다는 '발상의 전환'이 요구되는 문제다. 자, 정답이다.

첫 번째 질문으로, 3명 중 누구라도 좋으니 한 사람에게 나머지 두 사람 중 1명을 가리키며 "당신은 '이 사람이 스탈린입니까?'라는 질문에 '예, 그렇습니다'라고 답하겠습니까?"라고 묻는다. 그 답이 "아니오."라면 지목당한 사람에게 두 번째 질문으로 한쪽 길을 가리키며 "당신은 이 길이 천국으로 가는 길이냐는 질문에 '예, 그렇습니다'라고 답하겠습니까?"라고 묻는다. 이때 "예, 그렇습니다."라고 답하면 지목한 길이, "아니오."라면 지목하지 않은 길이 천국으로 가는 길이다.

만일 첫 번째 질문의 답이 "예, 그렇습니다."라면, 질문하지 않은 나머지 한 사람에게 위와 동일한 두 번째 질문을 던진다. 이때 "예, 그렇습니다."라고 답하면 지목한 길이, "아니오."라면 지목하지 않은 길이 천국으로 가는 길이다.

30

필기시험과 면접시험의 차이

"세 마리 개미가 충돌하지 않을 확률은?"
삼각형의 세 모서리에 개미 세 마리가 있다. 각각의 개미는 다른 모서리를 향해 동일한 속도로 일직선으로 이동한다. 이때 어디로 갈지 알 수는 없지만, 도중에 방향을 바꿀 수는 없다. 개미들이 충돌하지 않을 확률은 몇 %인가?

개미의 이동 경로를 삼각형의 변이라고 제한한 이상, 그들이 서로 충돌하지 않고 이동할 수 있는 방향은 두 가지밖에 없다. 세 마리 개미 모두 시계 방향으로 움직이거나 시계 반대 방향으로 움직이는 것이다.

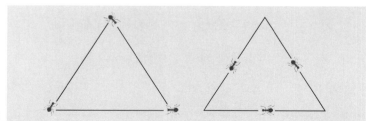

그림 30.1

개미 세 마리를 각각 A·B·C라 하자. 일단 그중 한 마리인 A가 시계 방향이든 반시계 방향이든 움직일 방향을 결정하면, B와 C도 충돌을 피하기 위해 A와 같은 방향으로 이동해야 한다. 개미는 무작위로 방향을 선택하기 때문에 B가 A와 동일한 방향으로 이동할 확률은 1/2이고, C가 A와 동일한 방향으로 이동할 확률 역시 1/2이다. 따라서 세 마리가 충돌을 피할 수 있는 확률은 '1/2×1/2=1/4'이므로 답은 25%다.

뭔가 이상할 정도로 간단하다는 생각이 들지 않는가? 사실 원래 문제는 다음과 같다.

"개미 세 마리가 각각 삼각형 모서리에 있다. 각각의 개미는 다른 모서리를 향해 이동한다. 어느 쪽 모서리로 갈 것인지는 무작위로 선택한다. 다른 개미와 충돌하지 않을 확률은 몇 %인가?"

이 문제를 30번 문제와 비교해보면, '동일한 속도로 이동한다'와 '도중에 방향을 바꿀 수 없다'라는 두 가지 조건이 빠져 있음을 알 수 있다. 이는 내가 의도적으로 추가한 내용이다. 두 가지 조건을 추가하지 않으면 시간적인 제약이 없기 때문에, 언젠가 반드시 한 마리가 다른 한 마리를 따라잡게 되어 충돌하지 않을 확률은 0%가 된다.

면접은 필기시험과 달리 면접관에게 직접 질문하거나 의문을 제기할 수 있으므로, 출제자는 지원자의 질문에서 평소의 사고방식이나 자질을 고스란히 읽을 수 있다. 이번 문제는 그러한 의도로 문제에 애매한 부분을 남겨둔 것이다. 실제 이 문제는 면접 중 지원자가 풀이 방법에 관한 이의를 제기할 것이라 예상하고, 최종적으로 25%를 정답으로 인정하고 있다. 자, 정답이다.

개미 세 마리가 충돌하지 않으려면 모두 동일한 방향으로 이동해야 한다. 따라서 그 확률은 두 번째 개미와 세 번째 개미가 첫 번째 개미와 같은 방향으로 이동하는 확률이므로, $1/2 \times 1/2 = 1/4$, 결국 25%가 된다.

31

단순하게, 더 단순하게 생각하라

"샌프란시스코에서 뉴욕으로 날아간 새의 이동거리는?"

서부 샌프란시스코에서 동부 뉴욕으로 가는 기차가 시속 15km로 출발해 일정한 속도로 달린다. 그와 동시에 뉴욕에서 샌프란시스코로 가는 기차가 동일한 노선을 시속 20km로 출발한다. 바로 그 순간 샌프란시스코 역에서 새 한 마리가 뉴욕을 향해 시속 25km의 속도로 동일 노선 위를 날아간다. 새는 도중에 뉴욕발 기차를 만나면 곧바로 방향을 바꾸어 같은 속도로 왔던 길을 되돌아간다. 그러다 샌프란시스코발 기차를 만나면 그곳에서 다시 방향을 바꾼다. 새는 두 기차가 만나는 지점까지 계속 두 기차 사이를 오간다. 새가 방향을 전환하는 데 걸리는 시간을 '0'이라 가정한다면 새의 이동 거리는 얼마일까?

이 문제에서 가장 빠른 것은 새다. 새가 비행한 거리를 구하는 문제지만, 기차 속도가 상당히 느리다고 생각한 사람도 있을 것이다. 사실 원래 문제는 'km'가 아니라 'mile'(1mile은 1.609344km)로 출제되었다. 그러나 거리의 단위는 출제의 본질을 해치지 않으므로, 익숙하지 않은 mile 대신 km를 사용한 것이다.

먼저 샌프란시스코발 기차를 '동부행' 기차, 뉴욕발 기차를 '서부
행' 기차라 하자. 새는 동부행 기차에서 출발한다. 새는 동부행 기차
보다 빠르기 때문에 동부행 기차보다 빨리 서부행 기차에 닿게 될 것
이다. 새는 서부행 기차에 닿는 순간 방향을 바꾼다. 새는 이제 서부
행 기차보다 앞서서 동부행 기차를 향해 날아간다. 새는 다시 서부
행 기차보다 빨리 동부행 기차에 닿는다. 이 과정은 기차가 충돌하
기 전까지 계속 반복된다.

여기서 한 가지 사실에 주목해보자. 거리를 구하는 문제인데 샌프
란시스코와 뉴욕 간의 거리에 대해서는 아무런 언급도 하지 않았다
는 점이다. 실제 이 거리가 없이는 계산을 진전시킬 수 없다.

두 도시 사이의 거리를 Lkm라 가정했을 때, 새가 서부행 기차와

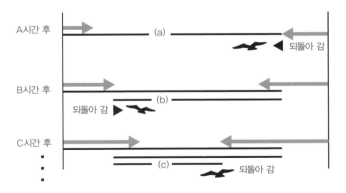

A시간 후 ————————————(a)———————————— 되돌아 감

B시간 후 ————————————(b)———————————— 되돌아 감

C시간 후 ————————————(c)———————————— 되돌아 감

그림 31.1

만나는 시점은 언제일까? 새와 서부행 기차의 상대 속도는 시속 '25+20=45km'이므로 L/45시간 후에 새는 서부행 기차와 만나게 된다. 새가 날아간 거리는 시간에 새의 속도를 곱한 L/45×25km, 결국 5L/9km다.

이 시점에서 서부행과 동부행 기차는 각각 'L/45×20km=4L/9km', 'L/45×15km=3L/9km'를 달렸으므로, 두 기차 간 거리는 'L-4L/9-3L/9=2L/9km'가 된다(그림 31.2).

다음은 그림 31.1의 b에 해당하는 거리를 구해보자. 새와 동부행 기차의 상대속도는 시속 25+15=40km이므로 새가 동부행 기차와 만날 때까지 걸린 시간은 2L/9km÷40km=L/180, 그곳까지 날아간 거리는 'L/180×25=5L/36km'가 된다(그림 31.3). 위와 동일하게 계산해보면, 서부행과 동부행 기차는 각각 '4L/9km+(L/180×20)km=5L/9km'와 3L/9km+(L/180×15)km=5L/12km'를 달린 셈이 된다.

같은 방법으로 그림 31.2의 거리 c를 구하고 계속 새가 되돌아 날아가는 거리를 구하다 보면 '이 방법으로 면접 시간 내에 답을 구할 수 있을까?' 하는 의문이 들 것이다. 여기서 지원자들은 세 그룹으로 나뉜다.

첫 번째는 이런 식으로 계산을 계속하다가는 시간이 부족해 도저히 답하지 못하겠다는 사람으로, 거의 포기해버리는 그룹이다.

두 번째는 이 질문이 새가 되돌아 날아가는 거리를 순서대로 더해 나가는 무한급수의 문제임을 깨닫고, 수열의 법칙을 찾으려는 그룹이다.

세 번째는 과연 '면접에서 이렇게 번거로운 계산이 필요한 문제를 출제했을까?'라는 의문을 갖는 그룹이다.

참고로 중학교 1학년 학생이 이 문제를 아주 쉽게 풀었음을 밝힌다. 다음은 소년이 문제를 푼 방식이다.

"새는 두 기차가 만날 때까지 계속 날아가므로, 기차가 만나기까

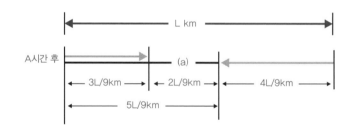

그림 31.2

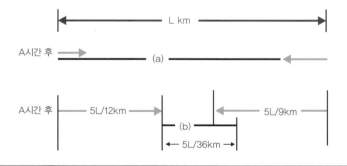

그림 31.3

지 걸린 시간에 새의 속도를 곱하기만 하면 된다."

수학이나 물리에 해박한 사람일수록 서로 다른 속도의 기차와 그 사이를 왕복하는 또 다른 속도의 새, 삼자의 움직임을 복잡하게 계산하다 무한급수를 대입하게 된다. 따라서 이 문제의 출제배경 역시 20번 문제와 같다. 많이 알면 알수록 선입견에 발목을 잡히거나 전문지식에 의존할 수 있으므로, 어려운 문제를 해결할 때는 백지 상태로 돌아가 '발상의 전환'을 시도하는 것이 좋다. 그러면, 정답이다.

새는 두 기차가 만날 때까지 계속 날며, 두 기차는 1시간에 '15+20=35'km의 속도로 가까워지므로, 뉴욕과 샌프란시스코 사이의 거리를 'Lkm'라 했을 때 'L/35시간' 후에 서로 만난다. 따라서 새가 날아가는 거리는 여기에 새의 속도를 곱한 '25×L/35', 즉 '5L/7km'가 된다.

32

의도적인 뇌의 눈속임

"거울이 상하가 아닌 좌우를 반대로 비추는 이유는?"

조금 갑작스럽겠지만 그림 32.1을 보자. 우선 오른쪽 눈을 감고 왼쪽 눈으로만 오른쪽 검은 바탕의 흰 동그라미를 바라보자. 그 상태에서 지면에 얼굴을 가까이 가져가면, 어느 시점에서 왼쪽의 검은 동그라미가 사라질 것이다. 여러분은 이것을 보고 무엇을 느꼈는가. 대수롭지 않게 여겼을 수도 있고, 무언가 이상하다는 느낌을 받았을 수도 있을 것이다. 혹은 곧바로 정답을 확인하러 갔을지도 모르겠다.

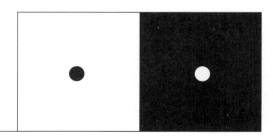

그림 32.1

일단 이 현상을 기억해두고 문제 풀이를 시작하자.

만일 '거울이 상하가 아닌 좌우를 반대로 비추는 이유는 무엇일까?'라는 질문을 듣는다면, 평소 이에 대해 당연하게 생각하던 사람이든 이상하다고 생각하던 사람이든, 누구나 한 번쯤은 문제를 곰곰이 생각해보게 될 것이다.

먼저 가장 기본적인 사실을 규명하기 위해 신문지의 글자를 거울에 비추는 방법을 생각해보자. 그림 32.2는 '빌 게이츠의 자선활동'이라는 가로글씨와 '빌 게이츠'라는 세로글씨를 이용한 것이다.

신문은 이제 막 인쇄되어 나온 것으로 잉크가 채 마르지도 않은 상태다. 이를 거울에 비추려고 다가갔다가 실수로 거울과 부딪힌 것이다. 그러자 거울 표면에 그림 32.2와 같이 잉크 자국이 남았는데, 이것이 글씨가 거울에 비쳤을 때의 상태를 그대로 반영한 거울상(거울에 비친 물체의 상, 옮긴이)이다. 우리는 거울에 남은 잉크 자국, 다시

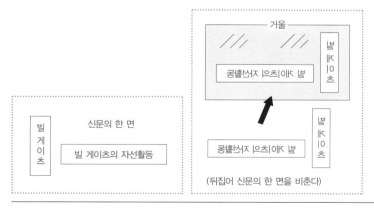

그림 32.2

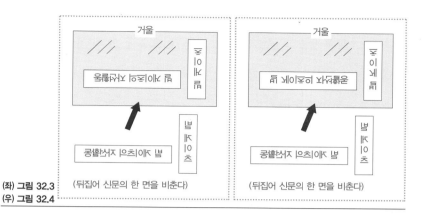

(좌) 그림 32.3
(우) 그림 32.4

말해 거울상을 확인함으로써, 그림 32.3이나 그림 32.4처럼 문자나 문구의 상하, 좌우를 반대로 비춘 모습은 있을 수 없다는 사실을 알 수 있다.

신문지가 아닌 나무 십자가의 양면에 페인트를 칠하면 어떨까? 그림 32.5가 바로 그것인데, 이 또한 상하, 좌우가 바뀌지 않는다. 그림 32.6의 사람 모양처럼 거울에 비치는 대상이 입체적일 때도 마찬

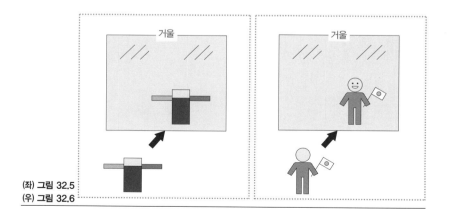

(좌) 그림 32.5
(우) 그림 32.6

가지다. 결국 대상과 거울상의 관계는 오른쪽에 있는 것은 오른쪽에 비치고, 위에 있는 것은 위에 비치기 때문에, 좌우와 상하 모두 반대가 아님을 알 수 있다.

그렇다면 분명 다음과 같은 반론이 제기될 것이다. '천장이나 바닥에 설치한 거울에는 사물의 상하가 반대로 비치지 않을까?'라고 말이다.

하지만 그대로다. 여기서 '반대'라는 의미를 잘 생각해보아야 한다. '반대'로 비치는 현상을 가장 확실하게 검증하는 방법은 방향을 표시하는 것을 거울에 비춰보는 것이다. 자, 다음 그림들을 살펴보자.

그림 32.7과 그림 32.8에서 거울에 비친 화살표 방향을 보면, 오른쪽 화살표는 오른쪽을, 위쪽 화살표는 위쪽을 향하고 있다. 하지만 그림 32.9에서는 거울을 향한 화살표의 방향이 거꾸로 반대방향을 가리키고 있다. 거울과 평행을 이루는 화살표는 그대로인데, 수직방향에서는 전후 방향이 반대를 향하는 것이다.

그렇다면 출제자는 어째서 '거울이 상하가 아닌 좌우를 반대로 비추는 이유는 무엇일까?'라는 질문을 던진 것일까? 그 이유는 거울이나 유리문, 혹은 유리창에 비치는 인간의 행동을 볼 때 일어나는 뇌의 움직임 때문이다.

좌우 대칭을 이루지 않는 문자와 달리 인간의 몸처럼 좌우가 대칭을 이루는 경우에는(게다가 움직이고 있는 상태에서는) 마치 거울 안에

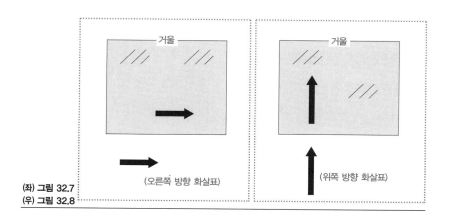

(좌) **그림 32.7**
(우) **그림 32.8**

(오른쪽 방향 화살표)

(위쪽 방향 화살표)

그 사람의 실상이 있는 것처럼, 뇌가 의도적으로 눈속임 현상을 일
으킨다고 한다.

평소 공을 오른손으로 던지거나 라켓을 오른손으로 잡는 사람, 또
는 오른손으로 젓가락질하는 사람들의 모습이 거울이나 유리문에 비
쳤을 때, 막상 오른손이 아닌 왼손이 움직이는 것을 보고 이상한 느
낌을 받은 적이 있지 않은가? 왠지 모르게 '이상한' 기분이 드는 이

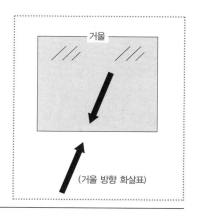

(거울 방향 화살표)

그림 32.9

유는 그들이 오른손잡이라는 사실을 알고 있는데, 거울에는 왼손이 움직이는 모습이 비치기 때문이다.

이 또한 뇌의 활동과 밀접하게 관련되어 있다. 실제로 그들이 오른손잡이라는 사실을 전혀 모르는 사람은 거울이나 유리에 비친 모습을 보아도 '이상하다'는 생각을 하지 않는다. 게다가 거울이 있다는 사실조차 알지 못한다면 그들이 실제 왼손을 움직이고 있다고 생각할 것이다.

쉬운 예로, 문제를 풀기 전에 살펴본 그림 32.1을 떠올려보자. 이때 얼굴이 지면에 가까워지거나 멀어지는 어느 지점에서 왼쪽 그림의 검은 동그라미가 사라진 것을 기억할 것이다. 이는 바로 안구의 맹점 때문이다.

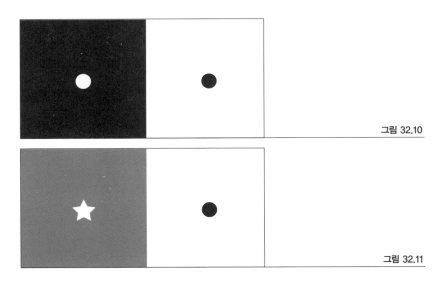

그림 32.10

그림 32.11

인간은 시계(視界)에 있는 사물을 안구 속 망막에 비추어보며, 그 영상 신호를 뇌로 전송하는 시신경 다발은 망막의 한 점을 통해 뇌와 연결되어 있다. 그런데 이 구멍에 해당하는 부분에는 망막이 없기 때문에 그곳에 비치는 상을 볼 수 없는 것이다. 일반적으로 이를 '맹점'이라 한다.

그림 32.10에서 그림의 좌우를 바꾸고 앞에서와 같은 방법으로 그림을 응시해보자. 오른쪽 눈을 감고 왼쪽 눈만으로 오른쪽 검은 동그라미를 응시하며 지면에 얼굴을 가까이 가져가거나 멀리한다면, 검은 바탕에 있는 왼쪽의 흰 동그라미는 어떻게 될까? 이번엔 흰 동그라미가 어느 한 지점에서 검게 변할 것이고, 이는 그림 32.1보다 더욱더 분명한 느낌으로 확대되어 보일 것이다.

원래대로라면 그곳은 보이지 않는 지점이겠지만, 뇌는 주위가 온통 검은 바탕이므로 그곳도 검을 것이라고 추측해 보이지 않는 부분을 보충하려고 노력한다. 그 결과 이러한 현상이 나타나는 것이다. 이러한 경우 바탕색이 검은색이 아니라 붉은색이든 녹색이든 어떤 색이든 결과는 마찬가지다.

이 그림을 확대해 시험해보면 더더욱 쉽게 이해할 수 있을 것이다. 바탕 속 동그라미를 좀 더 크게 그리거나, 그림 32.11처럼 동그라미가 아닌 삼각형이나 별, 또는 사람의 형상을 그리더라도 결과는 항상 같다.

흔히 말하는 착시현상이란 모자라거나 부자연스럽게 보이는 부분을 바로잡아 올바르게 보이도록 하려는 뇌의 기능이다. 이러한 의미에서 뇌의 기능은 매우 뛰어나다고 할 수 있다. 인간이 평소 이 맹점을 느끼지 못하는 이유는 2개의 눈으로 이러한 사실을 보완하고 있기 때문이다.

이 문제의 출제 의도는 흔히 지나쳐버리기 쉬운 대상도 항상 의문을 갖고 주의 깊게 살피고 있는지, 그것에 관해 면접관을 이해시킬 만큼 명쾌하게 설명할 수 있는지를 판단하려는 것이다.

그러면 정답이다.

거울과 대상물이 평행을 이룰 때는 그 좌우와 상하를 반대로 비추지 않는다. 다만 대상이 거울과 수직방향일 때는 거울의 안과 바깥, 다시 말해 거울 앞 대상물의 전후를 반대로 비춘다.

33

도형의 역설과 관점의 전환

"사각형을 나누었더니 총 면적이 달라지는 이유는?"
그림 33.4와 같이 선을 그어 정사각형을 A, B, C, D 네 조각으로 나누어보자.
이를 그림 33.5, 그림 33.6처럼 재구성했을 때 면적이 달라지는 이유는 무엇일까?

　　면접을 치를 때면 아무래도 긴장하기 마련이다. 더군다나 앞에서처럼 갑자기 '거울이 상하가 아닌 좌우를 반대로 비추는 이유는 무엇일까?'라는 단정적인 질문을 받는다면 더욱더 당황할 수밖에 없을 것이다. 사전에 그와 비슷한 의문을 가졌거나 거울이 사물을 비추는 원리에 대해 깊이 생각해본 적이 없다면, 질문 자체의 오류를 지적하거나 반론을 제기하기란 쉽지 않다. 이러한 현실 아래서 면접관을 납득시킬 만큼 명쾌한 설명을 할 수 있는지, 지원자의 관찰력과 사고력을 판단하려는 것이 32번 문제의 출제배경이었다.

　　그런데 32번 문제를 해설하면서 의도적으로 빼놓은 부분이 있다.

앞에서는 '맹점'이라는 구체적인 예를 들며 '이는 뇌가 의도적으로 일으킨 착시현상으로 좌우가 현저하게 비대칭을 이루는 문자에서는 일어나지 않는다. 하지만 좌우대칭을 이루는 인간인 경우, 특히 움직이고 있을 때는 거울 안에 실제 그 사람이 있는 것처럼 보인다. 이러한 현상은 부자연스럽거나 부족한 부분을 보완하기 위해 열심히 애쓰는 뇌의 기능 중 하나다'라는 설명으로 끝을 맺었다.

아마도 이제껏 주어진 문제들을 잘 풀어온 사람이라면, '어딘지 모르게 해설이 부족하지 않은가?' 하는 의문을 품고 좀 더 깊이 있는 해설을 원했을 것이다.

여기서 뒤로 미뤄둔 설명이란 '좌우는 바뀐 것처럼 보이는데 상하는 왜 바뀐 것처럼 보이지 않는 것일까?'에 대한 보충 설명이다.

자, 그렇다면 뇌가 거울에 비친 자기 모습을 어떻게 받아들이는지, 포착 방법을 자세히 살펴보자. 사실 뇌에는 평소 행동하는 습관이 새겨져 있어 거울에 비친 자신의 모습을 그림 33.1처럼 받아들인다.

다시 말해 자신이 지면을 따라 수평으로 거울의 맞은편 안쪽으로 돌아들어가 이쪽을 보는 모습을 떠올리는 것이다. 즉 뇌는 거울에 비친 모습을 점선으로 그린 인물로 인식하는데, 실제로 거울 앞에 서면 실선으로 그린 인물처럼 반대로 보이게 되어 왼손에 깃발을 든 모습으로 착각하게 된다(그림 33.1).

이때 뇌가 수직 방향으로 돌아들어간다고 생각하지 않는 이유는, 일반적으로 인간은 지면을 딛고 서 있다는 고정관념 때문이다. 만일 뇌가 위나 아래쪽에서 거울 너머로 돌아들어간다면 그것은 그림 33.2의 점선으로 그린 인물과 동일해진다. 그리고 이 모습은 거울이 상하를 반대로 비춘 경우에 해당될 것이다.

어쨌든 좌우가 반대로 보이는 현상은 뇌가 의도적으로 일으킨 착시 때문이며, 실제로 거울 속의 반전은 상하나 좌우가 아니라 거울을 향해 마주한 방향이다.

이 책에서 소개하는 문제는 어디까지나 면접에서 출제된 것으로 필기시험이 아니기 때문에, 그 자리에서 실제로 그림을 그려볼 기회

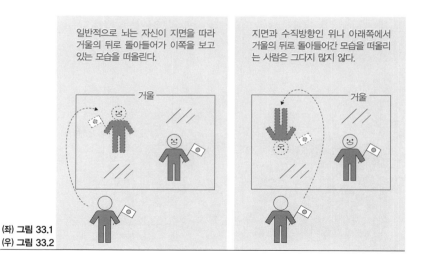

일반적으로 뇌는 자신이 지면을 따라 거울의 뒤로 돌아들어가 이쪽을 보고 있는 모습을 떠올린다.

지면과 수직방향인 위나 아래쪽에서 거울의 뒤로 돌아들어간 모습을 떠올리는 사람은 그다지 많지 않다.

(좌) 그림 33.1
(우) 그림 33.2

발상의 전환

는 얻지 못할 수도 있을 것이다. 따라서 이러한 유형의 문제는 가능한 한 머릿속으로 도형을 그려 푸는 습관을 익혀야 한다.

이제, 다음 문제로 들어가기 전에 먼저 그림 33.3을 보자. 이는 마야 유적에서 발견한 기호 모양의 그림이다. 당신은 한눈에 이 그림을 해독할 수 있겠는가? 이번 문제를 푼 후에는 그림의 의미를 바로 이해할 수 있을 것이다.

문제는 다음과 같다.

"그림 33.4와 같이 선을 그어 정사각형을 A, B, C, D 네 조각으로 나누어보자. 이를 그림 33.5, 그림 33.6처럼 재구성했을 때 면적이 달라지는 이유는 무엇일까?"

자, 하나의 도형을 분해한 후에 이를 다시 재조합해 다른 모양을 만들었을 뿐인데 면적에 차이가 생겼다. 만일 1번에 나오는 케이크 문제에서도 그 분할법에 따라 케이크의 양이 증가한다면 아이들이 무척 좋아하지 않을까?

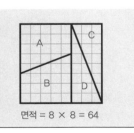

면적 = 8 × 8 = 64

(좌) 그림 33.3
(우) 그림 33.4

190

그러면 해설을 시작해보자. 그림 33.7에서 A의 한 변인 a와 C의 c를 맞붙이고, 다시 B의 b와 D의 d를 연결하면 각각 A와 C를 합한 삼각형과 B와 D를 합한 2개의 삼각형(그림 33.8)이 된다. 이 2개의 삼각형은 다시 하나의 사각형을 이루는데, 이 면적은 원래의 64보다 1이 늘어난 65가 된다.

하지만 정말 그럴까? 만일 당신이 그림만으로 이 도형의 오류를 찾아냈다면 시력이 상당히 좋은 편이라 할 수 있다. 그림을 자세히 보면 착시를 유도하는 장치가 숨어 있는데 이를 알아차리기란 좀처럼 쉽지 않기 때문이다.

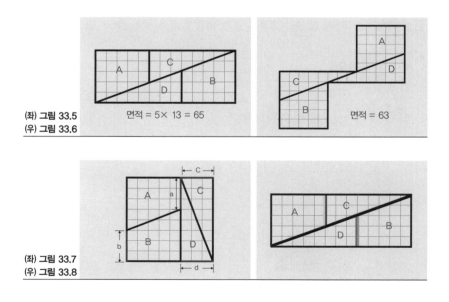

(좌) 그림 33.5
(우) 그림 33.6

면적 = 5 × 13 = 65

면적 = 63

(좌) 그림 33.7
(우) 그림 33.8

그림을 다시 한 번 주의 깊게 살펴보자. 절단선이 유난히 굵다는 느낌이 들지 않는가? 이 굵은 선은 각 조각의 경계를 애매하게 가리고 있다. 이 선을 최대한 가늘게 만들면 어떻게 될까? 각 도형의 경계가 선명하고 명확해져 그 차이가 확실히 드러날 것이다.

또 하나는 시각에 의존하지 않고 논리적으로 풀어나가는 방법이다. 여기서는 기울기가 그 단서다. 예컨대 그림 33.8의 B와 D를 합한 부분이 완전한 삼각형이 되려면 그림 33.9의 삼각형 (b)와 (d)가 닮은꼴이어야 하는데, (b)와 (d)에서 직각을 이루는 변의 비는 각각 5 : 2와 8 : 3이므로 닮은꼴이 아님을 알 수 있다.

따라서 그림 33.8처럼 배치하려면 기울기가 다르기 때문에 그림 33.10처럼 본래의 삼각형과 사다리꼴의 중간 정도에 틈이 생긴다. 굵은 선으로 가려진 이 부분의 면적이 정확히 한 칸의 면적에 해당하기 때문에 총 면적이 65가 된 것이다.

이제 그림 33.6에 숨겨진 오류를 찾아보자. 그림 33.6에서 도형의

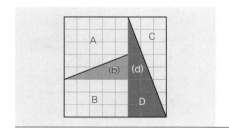

그림 33.9

면적은 63으로 원래 사각형보다 1만큼 작다. 숨겨진 1은 어디에 있을까? 그 힌트는 바로 그림 33.11에 있다. 그림 33.10의 빈틈과 같은 모양이 그림 33.11에도 존재한다. 그런데 여기서는 빈틈이 아니라 굵은 경계선 아래에 겹쳐져 있는 것이다. 이때 겹쳐진 부분의 면적이 정확히 1이다.

시각적인 방법이든 논리적인 방법이든, 어떤 것을 이용해도 조금만 생각하면 아주 쉽게 풀 수 있는 문제이므로, '무언가 다른 함정이라도 있는 것이 아닐까?' 하는 의문이 든 사람도 있을 것이다. 하지만 면적의 차이가 발생하는 이유가 너무나 명백하므로 결코 다른 이유가 있는 것은 아니다. 이는 단순히 시각상의 맹점을 지적하는 문제에 지나지 않는다.

그렇다면 실제 빌 게이츠가 이러한 문제를 낸 것일까?

이것은 첫 번째 의문에 불과하다. 여기서 좀 더 나아가 또 다른 의문을 느낀 사람은 없는가? 문제의 내용 자체에서 드는 의문이 아니

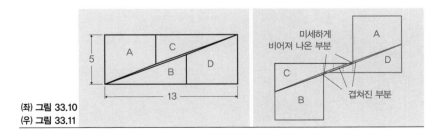

(좌) 그림 33.10
(우) 그림 33.11

라, 면접이라는 형식에서 느낄 수밖에 없는 의문 말이다. 이미 잘 알고 있겠지만, 이 책에서 예로 든 문제는 모두 MS사의 면접시험에서 출제된 것들이다. 지원자에게 직접 질문하는 것이지, 필기시험이 아니라는 것이다.

하지만 이번 문제는 지면의 도형을 보지 않으면 결코 풀 수 없다. 적성검사 등을 포함한 필기시험은 논외로 치더라도, 구두로 진행되는 면접시험에서 어떻게 이런 문제가 출제될 수 있었을까?

이 점을 깨달았다면 여러분은 상당히 날카로운 관점의 소유자다. 그렇다. 사실 이는 빌 게이츠가 출제한 문제가 아니다. 《이상한 나라의 앨리스 Alice in Wonderland》의 작가인 루이스 캐럴 Lewis Carroll이 만든 '도형의 역설'에 관한 문제다. 루이스 캐럴은 매우 유명한 작가로 알려져 있지만, 한편으로는 옥스퍼드 대학에서 26년 넘게 학생들을 가르친 수학자이자 논리학자였다. 도형의 역설과 같은 문제를 생각해냈다고 해서 크게 이상할 것은 없다.

M. C. Escher's "Convex and Concave".
© 2009 The M. C. Escher Company-Holland,
All right reserved. www.mcescher.com

그림 33.12

이러한 역설과 관련된 또 하나의 그림 33.12를 보자. 이는 유명한 판화가 모리츠 코르넬리스 에셔Maurits Cornelis Escher의 작품으로 누구나 한 번쯤은 이 그림을 본 적이 있을 것이다. 흥미로운 사실은 이 그림이 보는 위치에 따라 다르게 보인다는 것이다. 이 그림의 오른쪽 하단에 있는 다리를 오르는 인물에서 위로 향하다 보면 중간의 계단이 凹 형태의 아치로 보일 것이다. 하지만 왼쪽 위의 바구니를 든 하얀 드레스의 여성에서 시작해 점차 아래로 내려가면, 바로 밑의 계단이나 앞에서 본 아치도 융단을 깐 凸 형태의 계단으로 보일 것이다.

이 그림은 인간의 뇌가 무엇에 우선순위를 두느냐에 따라 그림이 달라지는 좋은 예다. 자, 이제 앞에서 본 그림 33.3으로 돌아가보자. 당신은 무엇에 초점을 두고 그림을 보았는가? 가운데 도드라져 보이는 모양을 중심으로 그림을 보았다면? 이 그림의 의미를 영영 이해하지 못할지도 모른다.

조금 관점을 바꾸어 뒤의 검은 바탕을 중심으로 그림을 보자. 그 순간 아주 선명한 글자가 눈에 들어올 것이다. 어떤가? 그래도 아직

그림 33.13

잘 모르겠다는 사람은 그림 33.13을 보기 바란다.

　비즈니스 세계에서는 관점이나 견해만 바꾸어도 예상치 못한 부분에서 쉽게 해결책을 찾을 수 있다. 이번 문제는 그러한 사실을 입증할 수 있는 좋은 사례가 될 것이다. 자, 그러면 정답이다.

사다리꼴 A와 B의 사선과 삼각형 C와 D의 사선은 기울기가 다르다. 따라서 그것을 실제로 조합했을 때보다 그림 33.5는 볼록한 형태, 그림 33.6은 겹친 형태가 되므로 면적이 달라진다.

34

유연하고 창조적인 발상

"저울 없이 제트기의 무게를 재려면?"
저울을 사용하지 않고 제트기의 무게를 재는 방법은 무엇인가.

이는 TV 퀴즈 프로그램에도 종종 나오는 문제인데, 이 문제에 답하기 위해서는 먼저 두 가지 고민을 해결해야 한다. 하나는 무게를 재는 대상이 아주 큰 물체라는 것이고, 또 하나는 저울, 다시 말해 무게를 재는 계량기를 사용할 수 없다는 것이다.

큰 기체를 하나하나 분해해 무게를 재는 방법도 있겠지만, 여기서는 저울을 이용해 부품의 무게를 일일이 잴 수 없으므로 이 방법은 처음부터 제외하자. 단, 부품을 분해했다는 측면에서 생각해낼 수 있는 방법이 하나 있다. 기체에 사용된 모든 부품은 치수와 무게를 정확히 정한 시방서(설계·제조·시공 등 도면으로 나타낼 수 없는 사항을 문서로 적어서 규정한 것, 옮긴이)를 바탕으로 만들어지므로, 기체의 시방서를 보면 한눈에 정확한 전체 무게를 알 수 있다.

하지만 문제에서는 '무게를 재려면 어떻게 해야 할까?'라는 측량법을 묻고 있기 때문에 시방서를 보는 것은 답이 될 수 없다.

그렇다면 어떻게 해야 할까? 앞에서 살펴본 두 가지 고민을 해결하기 위해 '물'을 이용해보자. 혹시 2번 문제에 나왔던 '배수량과 부력의 원리'를 기억하는가? 그렇다. 수중에 있는 물체는 자신의 무게와 똑같은 무게의 물을 밀어낸다는 원리를 응용해 제트기를 물속에 넣고 물이 얼마나 배수되었는지를 재면 무게를 알 수 있다.

하지만 이 방법에도 난점은 있다. 제트기가 물 위에 떠 있는 상태라면 부력의 원리를 적용할 수 있겠지만, 가라앉을 경우에는 제트기의 무게가 배수된 물의 무게보다 더 많이 나간다는 사실밖에 알 수 없기 때문이다.

설령 제트기가 물에 뜬다 해도 제트기를 넣고 배수된 물을 정확히 담을 수 있는, 게다가 제트기를 넣기 전과 후에 수면의 차이를 판단할 수 있는 거대한 설비가 필요하다.

그렇다면 좀 더 간단한 방법은 없을까? 현실적으로 이러한 방법을 떠올릴 수 있다. 제트기를 실어도 가라앉지 않을 항공모함 같은 커다란 배를 이용하는 것이다. 소형 제트기라면 배 위에 그대로 실으면 되고, 만일 그것이 무리라면 기체를 최소한으로 분해해 실으면 된다. 이때 무게를 재기 위한 두 가지 방법이 있다.

먼저 첫 번째 방법이다. 제트기를 올려놓은 후 수면의 위치, 즉 흘수선(배가 물에 잠기는 한계선, 옮긴이)을 표시하고 다시 제트기를 배에서 내린다. 그다음 무게를 알고 있는 물건을 흘수선이 잠길 때까지 계속 올려놓는다. 이때 저울을 사용할 수 없으므로 무게를 모르는 돌 등을 무심코 사용하면 제트기의 무게를 구할 수 없다는 점을 명심해야 한다.

두 번째 방법은 배수량의 원리를 적용하는 것이다. 제트기를 싣기 전과 후에 나타나는 흘수선의 차이를 이용해 물의 부피를 구하고, 그것에 물의 밀도를 곱하면 제트기의 무게를 알 수 있다. 일반적으로 커다란 항공모함 등에는 적재화물의 중량 제한을 위해 흘수선이 설정되어 있으며, 부피로 계산할 경우에는 저울이 필요 없다.

실제 이 두 가지 답을 모두 맞힌 지원자가 합격했다고 한다. 한편 시방서를 보거나 제트기 자체를 물에 담그는 안은 제외되었지만, 현실적인 방법으로는 나쁘지 않다. 단, 무게를 비교하는 대상으로 돌처럼 정확한 무게를 알 수 없는 것을 사용해서는 안 된다.

사실 이 문제는 중국 고사에 나오는 이야기를 응용한 것이다. 다만 무게를 재는 대상이 제트기가 아니라 코끼리라는 것이 다를 뿐.

'코끼리의 무게를 재는 방법'은 동화책이나 초등학교 교과서에 실릴 만큼 유명한 이야기다.

잠시 고사의 내용을 소개하자면 다음과 같다. 위나라 왕 조조에게 남방의 속국에서 지금까지 한 번도 본 적이 없는 코끼리를 보내왔다고 한다. '저 어마어마하게 큰 동물의 무게는 대체 얼마나 될까?'라는 것에 세간의 관심이 집중되면서 무게를 잴 방법을 찾았지만, 누구 하나 그 질문에 속 시원히 답하지 못했다. 이때 다름 아닌 조조의 여덟 번째 아들인, 고작 열 살짜리 조충이 코끼리를 배에 실어 그 무게를 알아내 모두를 놀라게 했다고 한다.

중국의 초등학교 교과서에는 이 이야기와 함께 아래와 같은 학습 지침이 실려 있다.

"조충은 주위 사물을 관찰하는 데 관심이 많았으며 지식이 풍부한 사람이었다. 그가 코끼리의 무게를 재는 창의적인 방법을 고안해낼 수 있었던 것은 평소 다양한 지식을 바탕으로 추리, 판단, 상상 등 스스로 생각하는 것을 즐긴 결과였다. 그는 사물들 간의 연관성을 고려해 문제를 분석할 줄 아는, 창의력과 논리적인 사고가 상당히 뛰어난 인재였던 것이다. 교사는 학생들이 주위의 사물을 주의 깊게 관찰하고 습득한 지식을 잘 활용할 수 있도록, 이러한 점을 학습지침으로 강조해야 할 것이다."

이 문제를 출제한 배경은 교과서의 취지에서 드러난 것처럼, 사물을 개별적으로 해석하지 않는 사고, 즉 유연하고 창조적인 발상이 가능한지를 판단하려는 것이다. 자, 정답이다.

답안 1. 제트기를 얹어도 가라앉지 않을 항공모함 같은 커다란 배 위에 기체를 그대로 실을 수 있는 소형기라면 그대로, 그대로 실을 수 없는 대형 비행기라면 기체를 최소한 분해해 싣는다. 기체를 올려놓았을 때 배가 물에 잠기는 위치, 즉 흘수선에 표시를 하고 기체를 배에서 내린다. 그다음 무게를 알고 있는 물건을 배의 흘수선이 잠길 때까지 실은 후, 그 물건의 무게를 합하면 제트기의 무게가 된다.

답안 2. 제트기를 배에 얹기 전과 후의 배의 흘수선 차이로 물의 부피를 계산한다. 부피에 물의 밀도를 곱하면 제트기의 무게를 구할 수 있다.

35

숨겨진 규칙성을 찾아라

"100개의 사물함을 열고 닫는 법칙?"

어느 고등학교에서 전교생이 자신의 사물함 앞에 서 있다. 이때 모든 사물함의 문은 닫혀 있다. 첫 번째 호루라기 소리가 나면 이를 신호로 학생들은 모든 사물함을 연다. 두 번째 호루라기 소리가 나면 학생들은 1개 간격으로 사물함을 닫는다. 즉 첫 번째 사물함은 열려 있고 두 번째 사물함은 닫히게 되며, 세 번째는 열려 있고 네 번째는 닫히게 되는 것이다. 세 번째 호루라기 소리가 나면 2개 간격으로 사물함을 열거나 닫는다. 여기서 열거나 닫는다는 의미는 열려 있는 사물함은 닫고, 닫혀 있는 사물함은 연다는 의미다. 네 번째 호루라기 소리에서는 사물함을 3개 간격으로, 다섯 번째 호루라기 소리에서는 4개 간격으로 열거나 닫는다. 이런 식으로 열고 닫기를 계속한다. 여기서는 문제를 간단히 하기 위해 사물함을 100개로 제한하자. 100번째 호루라기가 울리면 100번 사물함 앞에 서 있는 학생이 자신의 사물함을 열거나 닫는다. 마지막에 문이 열려 있는 사물함은 몇 개일까?

여러분은 이 문제를 보고 먼저 어떤 느낌을 받았는가. 매번 다른 간격으로 열거나 닫는 사물함이 100개나 된다니, 생각하기조차 싫다고 느끼진 않았는가.

202

하지만 이 문제가 면접에 등장한 질문이라는 점을 생각해보면, 이는 보기보다 간단히 풀 수 있을 것이다. 복잡하고 번거로운 계산이 요구되는 문제는 아무리 머리가 명석한 사람이라 해도 답을 구하기까지 많은 시간이 걸릴 테고, 대부분의 지원자들이 주어진 시간 내에 답할 수 없을 것이기 때문이다. 앞에서도 말했지만, 지원자를 평가하는 면접관은 언제까지나 기다려줄 수만은 없다.

물론 규칙에 따라 순서대로 1번 사물함부터 100번 사물함까지 계속해서 문을 열고 닫으면 답은 구할 수 있겠지만, 앞에서 말한 대로 면접관은 그때까지 기다려줄 만한 여유가 없을 것이고, 그런 풀이 방식은 듣고 싶어 하지도 않을 것이다.

따라서 이 문제를 풀려면 우선 '겉으로 보이는 것에 속지 않겠다'는 생각을 해야 한다. 이 점을 깨닫기만 한다면, 이미 절반은 푼 것이나 다름없다.

이 문제는 언뜻 복잡해 보이지만 자세히 읽어보면 사물함이라는 대상에 일정한 규칙을 적용한 것일 뿐이다. 결국 100개의 사물함은 일종의 눈속임으로, 앞의 몇 개만 살펴보면 일정한 규칙을 갖는 수열 문제임을 쉽게 알 수 있다.

처음부터 사물함 100개라는 숫자에 조금이라도 부담을 느낀 사람은, 아마 자신도 모르는 사이에 호루라기가 울릴 때마다 1번부터 100번까지 모든 사물함을 확인해야 한다고 생각했을 것이다. 하지만 문제의 규칙에서는 호루라기가 울릴 때마다, 2개, 3개라는 식으로 사물함을 여닫는 간격이 증가한다. 이는 앞에서 이미 열고 닫은 사물함은 더는 건드리지 않고 그대로 두면 된다는 의미다.

이런 유형의 문제는 암산하는 것보다 메모를 하면서 생각하는 편이 더 빠르고 정확하다. 이제까지 출제된 문제 중에는 푸는 도중 메모를 하면서 계산하는 상황도 충분히 생길 수 있다. 면접장에도 필기도구나 화이트 보드 등이 준비되어 있을 것이다. 만일 그렇지 않다면 면접관에게 메모지를 부탁하자. 협조해주지 않을 이유가 없다.

그렇다면 일단 1번 사물함에서 10번 사물함까지 호루라기가 울릴 때마다 빗금 표시를 하면서, 어떠한 법칙을 적용했는지 알아보자.

첫 번째 호루라기가 울리면 모든 사물함에 빗금을 표시한다. 두 번째 신호에서는 2, 4, 6, 8, 10번 사물함에, 세 번째 신호 때는 3, 6, 9번 사물함에, 네 번째는 4, 8번 사물함, 다섯 번째는 5, 10번 사물함, 여섯 번째부터 열 번째까지는 각각 자신의 번호에만 빗금 표시를 하게 되므로 열 번째 호루라기 소리가 끝난 시점의 결과를 나타낸 것이 그림 35.1이다.

사물함이 100개 있다는 가정 하에 계속 진행하면 열한 번째 호루라기 신호에는 11번, 22번, 33번, 44번…번의 사물함을, 열두 번째 신호에는 12번, 24번, 36번…번의 사물함을 열거나 닫게 된다. 1번

	호루라기 신호의 차례										열고 닫을 때의 호루라기의 차례 번호
	1회	2회	3회	4회	5회	6회	7회	8회	9회	10회	
사물함 번호 1번	/										1
2번	/	/									1, 2
3번	/		/								1, 3
4번	/	/		/							1, 2, 4
5번	/				/						1, 5
6번	/	/	/			/					1, 2, 3, 6
7번	/						/				1, 7
8번	/	/		/				/			1, 2, 4, 8
9번	/		/						/		1, 3, 9
10번	/	/			/					/	1, 2, 5, 10

그림 35.1

부터 10번까지의 사물함을 대상으로 진행한 결과에서 무언가 규칙성을 발견하면 답을 도출할 수 있으므로, 다시 한 번 그림 35.1을 찬찬히 살펴보자.

각 사물함에 빗금 표시를 해 두었기 때문에 사물함의 개폐상태를 체크하기는 쉽다. 처음에는 모든 사물함이 닫혀 있으므로 첫 번째 동작, 즉 첫 번째 빗금에서 열고 두 번째 빗금에서 닫고 세 번째 빗금에서 다시 열게 된다. 따라서 빗금 표시가 홀수일 때는 사물함이 열려 있고, 빗금 표시가 짝수일 때는 닫혀 있다는 결론이 나온다.

열 번째 호루라기 소리가 끝난 결과, 그림 35.2와 같이 1번, 4번, 9번 사물함이 열려 있게 된다. 앞에서 말한 바와 같이 열한 번째부터는 호루라기가 울려도 1~10번 사물함까지는 영향을 미치지 못하므로 사물함 1, 4, 9번 문은 열린 채 고정된다.

이 단계까지 오면 대부분의 지원자들이 1, 4, 9라는 수열을 보고 답을 떠올릴 수 있을 것이다. 1, 4, 9는 각각 1^2, 2^2, 3^2이라는 형태로 나타낼 수 있다. 나머지 수 또한 이 형태가 계속된다고 봤을 때 사물함이 100개인 경우 4^2, 5^2, 6^2, 7^2, 8^2, 9^2, 10^2이라는 수열을 생각할 수 있다. 이를 표로 나타내면 그림 35.3과 같다.

따라서 전체 100개의 사물함 중 1, 4, 9, 16, 25, 36, 49, 64, 81, 100번, 총 10개의 사물함 문이 열려 있다는 사실을 알 수 있다.

혹시 해설이 이대로는 흡족하지 않다고 생각하는가? 그렇다면 다음의 추가해설을 보자.

사물함의 번호가 완전제곱수일 경우 사물함이 열려 있는 이유는

사물함 번호	열고 닫을 때의 호루라기 차례 번호	열고 닫은 횟수
1번	1	①
2번	1, 2	2
3번	1, 3	2
4번	1, 2, 4	③
5번	1, 5	2
6번	1, 2, 3, 6	4
7번	1, 7	2
8번	1, 2, 4, 8	4
9번	1, 3, 9	③
10번	1, 2, 5, 10	4

열고 닫은 횟수가 홀수인 ○표시가 된 사물함의 문이 열려 있다.

열려 있는 사물함 번호		도출된 규칙성
1번	→	1×1
4번	→	2×2
9번	→	3×3
16번	←	4×4
25번	←	5×5
36번	←	6×6
49번	←	7×7
64번	←	8×8
81번	←	9×9
100번	←	10×10

(좌) 그림 35.2
(우) 그림 35.3

무엇일까? 앞에서 제시한 결과를 살펴보면, 호루라기를 부는 횟수는 사물함 번호의 '약수'에 해당된다는 사실을 알 수 있다. 약수는 0이 아닌 정수를 나눌 수 있는 수로, 12는 1×12, 2×6, 3×4로 나뉜다. 즉 12가 총 6개의 약수를 갖는다는 것은 열두 번째 사물함의 경우 문을 6번 열고 닫는다는 의미다(짝수 번 여닫을 경우 사물함은 닫힌 상태로 남게 된다).

따라서 약수의 개수가 짝수가 되지 않을 유일한 방법은 2개의 약수가 서로 똑같은 경우다. 9의 경우, 1×9, 3×3이므로 9의 약수는 1, 3, 9로 총 3개가 된다. 따라서 사물함의 번호가 완전제곱수일 경우에만 약수의 개수가 홀수가 되고 사물함 문이 열린 채로 남는 것이다. 테니스 토너먼트를 계산하는 9번 문제나, 동전 9개의 무게를 재는 18번 문제처럼, 이 문제 또한 열려 있는 사물함을 '1에서 시작되는 정수의 제곱'으로 일반화할 수 있다.

언뜻 복잡해 보이지만, 지원자가 얼마나 침착하게 문제를 해결해내는 자질을 지니고 있는지, 얼마나 빨리 문제의 규칙을 발견해내는지를 판단하려는 것이 문제의 배경이다. 자, 정답이다.

10개의 사물함이 열려 있다.

36

문제의 배경을 읽는다

"맹인_{盲人}을 위한 향신료 수납 선반을 설계하라."

이와 유사한 문제로 앞에서 나온 블라인드 리모트 컨트롤을 설계하라는 문제를 떠올렸을 것이다. 만일 여러분이 그 문제에 쉽게 답했다면, 이 또한 망설임 없이 설계를 시작할 수 있지 않을까?

'망설임 없이'라고 표현한 것은 두 문제의 공통된 출제배경 때문이다. 이번 문제 역시 확실한 정답보다 지원자의 기발하고도 참신한 발상을 평가하려는 것으로, 문제의 특성상 다양한 답변이 등장할 것이다. 자, 그러면 해설로 들어간다.

이러한 문제일수록 자신의 의견을 자유롭게 말할 수 있기 때문에 쉬워 보일지 모르겠지만, '기발하고도 창의적인 발상'이라는 미지수 속에서 답을 생각해내야 하므로 어렵게 느끼는 사람도 많을 것이다.

자칫하다가는 내용이 지나치게 방만해져 막연한 답변이 나올 수 있으므로 이를 피하기 위해 다시 한 번 문제를 차분하게 살펴보자. 앞에서도 여러 차례 강조한 것처럼, 문제를 다른 표현으로 바꾸면 중요한 힌트를 발견할 수 있다.

이 문제는 '눈이 보이지 않는' 사람에 초점을 맞추고 있다. 눈이 보이지 않는 사람이라 해도 시각을 제외한 다른 감각은 정상인과 같다. 이 점을 고려해 문제를 '시각을 제외한 촉각, 청각, 미각, 후각으로 향신료를 구분해 보관할 수 있는 선반을 설계하시오'라고 바꾸어 말할 수 있다. 문제의 힌트는 바로 이것이다. 자, 이제 시각이 아닌 다른 감각들을 고려해 선반을 설계해보자.

문제는 선반의 설계에 관한 것이지만, 어떤 향신료가 어떤 용기에 들어 있는지 알 수 없다면 용기를 보관하는 선반의 설계가 아무리 뛰어나도 큰 의미가 없을 것이다. 따라서 일단 면접관에게 눈이 안 보이는 사람도 향신료의 용기를 식별할 수 있다는 전제조건을 확인한 다음 선반의 설계를 시작하자. 면접은 필기시험과 달리 면접관과 주고받는 대화 속에서 문제를 풀어갈 수 있으며, 이에 따라 지원자의 역량 또한 다르게 평가된다는 점을 잊지 말자.

다음으로 촉각, 청각, 미각, 후각에 대해 생각해보자. 미각이나 후각은 용기의 내용물과 관련된 것이므로 어디까지나 선반의 설계라는 점에서 이들은 차후에 생각하자.

이제 남은 것은 촉각과 청각이다. 아마 대부분의 사람들이 촉각과 관련된 아이디어, 즉 점자를 떠올릴 것이다. 그중 하나가 선반에 점자 라벨을 붙여 향신료를 구별하는 것인데, 점자는 이미 널리 쓰이는 방법으로, 참신함이나 기발함 등이 전혀 느껴지지 않는 발상이다.

그렇다면 청각은 어떨까? 앞을 볼 수 없는 사람의 경우 보통 사람보다 청각이 발달해 있다는 것은 널리 알려진 사실이다. 음성을 이용한 시계나 체온계, 체중계 등이 상품화되어 있는 것만 보더라도 청각을 이용한 수납용 선반은 크게 환영받을 수 있을 것이다.

이때 한 가지 염두에 두어야 할 점은 향신료의 종류가 매우 다양하기 때문에 향신료의 이름을 음성으로 듣는 것은 아무래도 한계가 있다는 사실이다. 따라서 구체적인 이름보다는 전자음을 이용해 향신료를 식별할 수 있게 한다. 각각의 향신료 용기를 넣어두는 입구 부분에 각기 다른 전자음 버튼을 설치하면, 간단한 방법으로도 향신료를 식별할 수 있을 것이다. 이 경우 사용자가 각각의 향신료에 대응하는 전자음의 조합을 식별할 수 있을 때까지 얼마간의 훈련이 필요하겠지만, 편리성이 초기의 노력을 충분히 보상해줄 것이다.

또한 향신료 용기를 수직이 아니라 비스듬히 넣는 형태로 선반을 설계하면, 용기를 넣고 빼는 것이 한층 수월해진다.

그러나 이것만으로는 선반에 점자 라벨을 붙이는 것과 큰 차이가 없으며 그만한 비용을 감수할 정도로 매력적이지도 않으므로, 여기에 부가가치를 높일 수 있는 방안을 보충해보자. 용기에 들어 있는 향신료의 양이 줄어들어 보충해야 할 때가 되면 특정한 전자음을 내 알려주는 것은 어떨까? 선반의 한 곳을 향신료 중량을 측정하는 용도로 특화해 그 자리에 용기를 넣으면 향신료의 양을 자동으로 체크할 수 있도록 만들어보자. '곧 보충해야 한다', '지금 바로 보충해야 한다'는 2단계 전자음이 나도록 설계한다면, 눈이 보이지 않는 사람에게는 상당히 편리한 아이디어가 될 것이다.

한편 선반을 설계하는 문제이긴 하지만, 필요에 따라서는 면접관에게 용기에 관한 아이디어를 제안해도 좋을 것이다.

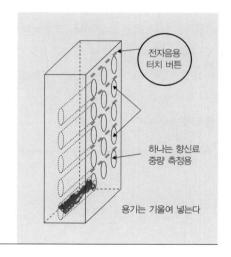

전자음용
터치 버튼

하나는 향신료
중량 측정용

용기는 기울여 넣는다

그림 36.1

시판되는 향신료 용기는 모양이나 크기, 중량이 제각각이어서 하나의 선반에 잘 들어가지 않는 데다, 용기 안에 향신료가 얼마나 남아 있는지 가늠하기 어렵다. 이때 향신료 용기를 후추통과 같이 작은 구멍이 여러 개 뚫린 용기로 통일하는 것도 현실적인 방법이다.

한편 실리콘 용기를 만들어 향신료를 담는 것도 좋은 아이디어다. 실리콘 용기는 손에 힘을 가하는 정도에 따라 용기가 변형되므로, 직접 손으로 쥐어보면 그 안에 향신료가 얼마나 남았는지를 쉽게 알 수 있다. 떨어뜨려도 깨지지 않으므로 사고의 위험 또한 방지할 수 있다. 이 문제도 다양한 답변이 나올 수 있으므로 샘플 답안을 소개한다.

눈이 보이지 않는 사람일수록 약점을 보완하기 위해 청각이 뛰어나다는 점을 고려해 선반을 설계한다. 즉 향신료 용기를 수납하는 위치마다 제각기 다른 톤의 전자음을 내는 버튼을 설치해 그 소리와 용기를 조합하여 수납한다. 그중 한 곳은 향신료의 분량을 가늠할 수 있도록 중량 측정용으로 설계해 '곧 보충해야 한다', '지금 바로 보충해야 한다'는 2단계 전자음이 나도록 한다. 용기는 선반에 꼭 들어맞는 크기로 통일하고, 용기를 수직이 아니라 비스듬히 넣는 형태로 설계하면 향신료 용기를 넣고 빼기가 좀 더 수월해진다.

미래형 인재의 조건

Winner's
BrainWork
in Puzzle

오늘날 MS사에서는 지원자의 논리력을 평가할 수 있는 선언문제, 논리적인 사고과정을 판단할 수 있는 페르미 추정, 기발한 발상이나 독특한 창의력을 알 수 있는 설계문제, 주의력이나 설득력까지 판단할 수 있는 허를 찌르는 문제 등을 통해 인재를 채용하고 있다. **-빌 게이츠**

스스로 생각하면 미래가 보인다

　이제까지 여러분들은 36개의 문제를 풀어보았다. 일반적으로 이러한 유형의 문제를 퍼즐 면접이라 부르며, 9번 문제에서 밝힌 것처럼 1957년 쇼클리 박사의 면접이 퍼즐 면접의 출발점이다. 그 후 1979년 휴렛패커드에서 18번 저울문제를 출제한 것을 시작으로, IT의 메카인 실리콘밸리의 기업들 사이에서는 이러한 퍼즐 면접이 꾸준히 이어져왔다.

　그렇다면 유독 실리콘밸리의 기업들이 퍼즐 면접을 선호했던 이유는 무엇일까?

　IT 산업은 오늘의 승자가 내일의 패자가 되는 것이 전혀 이상하지 않을 만큼, 사이클이 빠르고 부침이 심한 세계다. 이러한 업계에서는 기업이 최신 아이디어나 기술을 얼마나 빨리 반영하느냐가 승부를 가른다. 따라서 스스로 '생각하는 힘', 남다른 '창의력', 미지의 세계에 대한 '문제해결력'은 이 분야의 인재라면 꼭 갖춰야 할 능력이다.

이러한 환경에서 퍼즐 면접의 중요성을 깨닫고, 다른 산업은 물론 교육현장이나 군대에까지 퍼즐 면접이 보급되는 계기를 마련한 사람이 바로 빌 게이츠다. 오늘날 MS사에서는 지원자의 논리력을 평가할 수 있는 선언문제, 논리적인 사고과정을 판단할 수 있는 페르미 추정, 기발한 발상이나 독특한 창의력을 알 수 있는 설계문제, 주의력이나 설득력까지 판단할 수 있는 허를 찌르는 문제 등을 통해 인재를 채용하고 있다.

사실 빌 게이츠가 퍼즐 형식의 문제에 친숙해지게 된 배경은 유년 시절부터 머리를 쓰는 퀴즈나 게임 등을 즐겨했던 가정환경 덕분이었다. 변호사였던 그의 아버지는 시사상식을 자세하게 조사한 후, 저녁마다 3명의 아이들에게 그것을 퀴즈로 내곤 했다. 항상 점수를 매겼는데 가장 좋은 평가인 A를 받은 사람은 용돈으로 25센트를 받았으며, 모든 퀴즈에서 A를 받으면 상으로 평일 저녁에 TV를 볼 수 있었다고 한다. 빌 게이츠가 퀴즈를 푸는 데 익숙해질 수밖에 없었음을 보여주는 대목이다.

게다가 수학 등 이과계 과목에 두각을 드러냈던 소년은 브릿지게

임과 포커를 유난히 좋아하셨던 할머니 덕분에 더더욱 게임이나 퀴즈, 퍼즐과 친숙해져갔다.

골똘히 생각해야 하는 게임이나 퍼즐에 대한 그의 애정은 성인이 된 후에 한층 깊어졌다. 그는 자택에 사람들을 초대해 디너파티를 열 때도, 초대손님들과 반드시 퀴즈나 퍼즐, 게임 등을 즐겼다고 한다. 예를 들면 하나의 키워드를 제시한 후 그 키워드가 들어 있는 유명한 노래를 찾거나, 식탁 매트용 종이 뒷면에 미국의 지도를 가장 정확하게 그린 손님을 승자로 뽑는 게임이었다. 스위스에서 열린 사내 오락 프로그램에서는 각 팀마다 마차를 주고 거리에서 독특한 물건을 찾아오게 하는 '발굴 작업'으로 승부를 가렸다고 한다.

이러한 그의 일상을 통해 게임이나 퍼즐을 단순한 오락도구로 즐기기보다, 제한된 시간 내에 두뇌 활동을 확실히 테스트할 수 있는 도구로 생각했음을 알 수 있다.

이처럼 어린 시절부터 퍼즐과 퀴즈를 통해 형성된 빌 게이츠의 지적 호기심과 도전정신은 그가 지금의 위치에 오르는 원동력이 되었다. 다름 아닌 미지의 세계를 내다보는 남다른 안목으로 구현된 것이다.

1970년대 후반부터 퍼스널 컴퓨터(이하 PC)가 하나둘씩 등장하기 시작하는데, 대부분이 디지털리서치Digital Research, DS의 CP/M(인텔

8080/85 마이크로프로세서를 기반으로 하는 최초의 개인용 운영 체제, 옮긴이)이라는 소프트웨어 상에서 작동되고 있었다. 1980년 컴퓨터 업계를 선도하던 IBM은 PC사업에 착수하기 위해 DS와 접촉했지만, PC용 소프트웨어를 개발하기 위한 두 기업 간의 협상은 불발로 끝나고 만다.

이때 앞을 내다볼 줄 아는 빌 게이츠의 능력이 빛을 발했다. 아직 소프트웨어를 개발하지 않은 상태였음에도 불구하고 IBM의 최고 경영진을 찾아가 자신 있게 프레젠테이션에 나선 것이다. 그는 CP/M과 유사한 제품을 개발했던 시애틀컴퓨터시스템사로부터 소프트웨어를 파격적인 저가에 사들여 IBM PC용으로 개발했고, 이듬해 'WINDOWS'의 전신인 'MS-DOS'를 완성해냈다.

한편 그는 이 대목에서 다시 한 번 미지의 세계를 예측하는 능력을 발휘했다. IBM PC용 소프트웨어를 개발하긴 했지만, IBM의 끈질긴 요청을 물리치고 끝내 라이선스까지는 맺지 않은 것이다.

발매될 당시 IBM PC는 기능도 많지 않은 데다 1대당 900만 원이 넘는 고가의 제품이었다. 따라서 개인보다는 회사에서 주로 사용되었으며, 소프트웨어는 하드웨어의 부속품 개념으로 대부분 무료로 보급되고 있었다. 빌 게이츠는 이러한 상황을 지켜보며 다음과 같은 생각을 하기에 이른다.

"앞으로는 다른 기업들도 IBM을 모방해 그와 호환이 가능한 PC

를 연이어 내놓을 것이고, 그렇게 된다면 수의 이론상 이것이 모든 PC의 표준 소프트웨어가 될 것이다. 게다가 소프트웨어는 일단 만들어놓으면 그다음부터는 제조비용이 들지 않는다. 기술혁신으로 컴퓨터가 수많은 개인에게 보급될 것을 감안한다면, 소프트웨어 판매가 엄청난 이익을 가져다주지 않겠는가."

그의 예상은 멋지게 들어맞았다. 오늘날 PC는 전 세계 사람들에게 널리 보급되었으며, 그는 세계 최고의 자산가가 되었다.

37

빌 게이츠의 복제인간

"빌 게이츠의 출제 의도를 설명하라."
지금껏 우리는 MS사의 면접문제들을 살펴보았다. 면접에서 이러한 퍼즐 형태의
문제를 출제하는 이유는 무엇인가.

　지금까지 보아온 문제에는 모두 나름대로의 출제배경이 있었다. 평소 주의 깊게 사물을 관찰하고 있는지, 선입견에 사로잡히지 않고 다양한 관점에서 모든 가능성을 추구하고 있는지, 예상치 못한 문제에도 자신 있게 답할 수 있는지, 내놓은 답은 설득력을 갖추고 있는지, 지원자의 사고는 거시적인지 미시적인지, 문제를 풀어나가는 과정이 얼마나 논리적이고 창의적인지 등을 테스트하는 것이다.

　그러나 문제를 푸는 동안 자신도 모르게 한 번쯤은 '왜 진지한 면접에서 이러한 질문을 하는 것일까?'라는 의문을 느껴보았을 것이다. 가벼운 퀴즈 같은 인상을 주는 퍼즐 면접이니만큼, 어찌 보면 이러

한 생각을 하는 것도 당연해 보인다. 일반적으로 입사 면접이 엄숙하고 긴장된 분위기에서 치러지는 것을 생각했을 때 더더욱 그렇다.

'빌 게이츠 자신이 퍼즐을 좋아하기 때문에 이러한 문제를 낸 것이 아닐까?'라고 생각하는 사람도 있을 것이다. 사실 빌 게이츠가 직소 퍼즐이나 애너그램(anagram, 단어나 문장을 구성하고 있는 문자의 순서를 바꾸어 다른 단어나 문장을 만드는 놀이, 옮긴이)과 같은 퍼즐을 무척이나 즐겨한다는 사실은 부정할 수 없지만, 면접에서 왜 퍼즐을 출제하는지, 그 의도를 묻는 질문의 답변으로는 충분치 않다.

그렇다면 MS사가 퍼즐 면접을 채택한 진짜 이유는 무엇일까?

첫 번째 이유는 천편일률적인 질문만으로는 꼭 채용하고 싶은 지원자를 찾아내는 데 한계가 있기 때문이다. 주변에서 흔히 볼 수 있는 기존 면접에서는 너무나 흔한 질문을 하기 때문에, 대부분의 지원자들이 사전에 모범답안을 준비할 수 있다. 따라서 최근에는 이러한 결점을 보완하기 위해 지원자를 여러 팀으로 나누고, 그 자리에서 각각의 테마를 알려준 후 최종적으로 전원에게 발표시키는 형식을 채택하는 회사들이 늘고 있다. 면접 과정에서 테마에 접근하는 방법, 팀워크, 리더십, 커뮤니케이션, 문제해결능력 등을 테스트하는 것이다.

두 번째 이유는 MS사의 시장 환경과 관련된 것이다. IT 업계는 다른 업계와 달리 안정적이지 못하고 경쟁도 치열하기 때문에, 그 어떤 분야보다 불확실하다. 특히 소프트웨어 업계는 변화가 심하기 때문에 새로운 아이디어를 끊임없이 생각해내고, 그것을 재빠르게 제품으로 세상에 내놓아야 한다.

제품은 기획, 설계, 작성, 판매, 보수 등 다양한 분야와 관련되어 있다. 그중에서도 핵심을 이루는 것은 제품 설계와 프로그래밍이다. 특히 컴퓨터에서 연산처리를 위한 작업을 하나하나 순서대로 명확하게 전개하는 알고리즘(어떠한 문제를 합리적이고 논리적인 해결방법으로 푸는 절차나 방법, 옮긴이)이 프로그램의 좋고 나쁨을 결정짓는다. 결국 '논리적 사고'에 의해 제품의 질이 결정되는 것이다. 따라서 소프트웨어 업계에서 일하는 사람에게는 창의적인 발상을 포함한 높은 수준의 논리적 사고가 요구된다.

그러나 이 능력만으로는 경쟁이 치열한 시장에서 성공을 거두기에 충분치 않다. 아무리 창의적인 발상이나 논리적인 사고가 뛰어나다 해도, 설령 박사 학위를 취득한 사람이라 해도, 일상적인 실무 능력이 결여되어 있다면 아무것도 할 줄 모르는 사람과 별반 다르지 않을 것이다.

이때 비즈니스에 대한 실질적인 기여라는 관점에서 실행력과 행동력은 반드시 갖춰야 할 자질이다. 다시 말해 돌발적으로 발생하는 어떠한 난관도 인내를 가지고 헤쳐나갈 정도로 의지가 강한 사람, 항상 패기 있게 일을 추진하는 의욕적인 사람, 승부 근성이 강한 사람이야말로 꼭 필요한 인재가 아닐 수 없다. 창의적인 발상이나 논리적인 사고를 정적인 요소라 한다면, '끈기 있는 행동력'은 동적인 요소다. 아무리 어려운 문제라 해도 끝까지 문제를 포기하지 않고 푸는 자세야말로 끈기와 실행력을 판단하는 기준이 된다.

한편 채용에는 현실적으로 두 가지 리스크가 있다. 하나는 회사에 큰 짐이 될 사람을 뽑는 경우고, 다른 하나는 유능하고 좋은 인재가 될 수 있는 사람을 잘못된 판단으로 놓치는 경우다. 그러나 같은 실수라도 후자는 회사에 직접적인 손해를 미치지 않으므로 큰 문제가 되지 않지만, 전자는 심각한 문제를 야기한다. 많은 사람들이 한 사람이 저지른 일의 뒤처리를 하느라 시간과 비용을 허비하기 때문이다.

그런데 면접자에게 이런 위험(?)이 도사리고 있는지를 일반적인 면접으로는 간파하기가 쉽지 않다. 대부분의 면접에서는 지원자가 그 자리에서 별다른 실수만 하지 않으면 무난히 통과할 수 있지 않은가. 그렇게 입사한 다음 훗날 회사에 짐만 되는 사람으로 밝혀지더라도 달리 손 쓸 도리가 없을 뿐 아니라, 그에 따른 고통분담마저 생긴다.

다음은 MS사의 임원을 역임했던 사람의 말이다.

"경쟁사를 유리하게 하는 최악의 행동은 바로 직원을 잘못 뽑는 것이다. 잠재적으로 해가 되는 직원을 많이 채용하면 회사는 얼마 가지 않아 어려움에 빠진다. 더욱이 그러한 사람들은 조직에 널리 파고들어 자신보다 질 낮은 사람을 채용하기 시작한다. 따라서 설령 면접에서 좋은 인재를 놓치는 한이 있어도 잠재적으로 짐만 되는 직원을 채용하지 않는 것이 우선이다. 우리가 역점을 두어야 할 것은 미래형 인재이며, 이를 위해 1시간 정도의 면접을 4~5회 실시해 판단을 내린다."

이러한 기준들을 바탕으로 바람직한 인재와 그렇지 않은 인재의 차이를 정리한 것이 표 37.1이다.

가장 바람직한 인재는 Ⅰ부분 중에서도 오른쪽 위에 오는 사람이다. 그리고 가장 바람직하지 않은 인재는 Ⅲ부분 중에서도 왼쪽 아

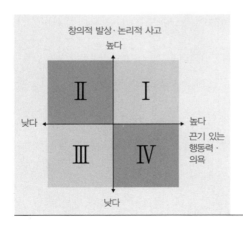

표 37.1

래에 해당하는 사람으로, 여기에 속하는 사람들은 시험내용과 관계 없이 식별하기 쉽기 때문에 크게 문제가 되지는 않는다. 결국 사람 을 잘못 뽑거나 채용에서 놓치게 되는 경우는 (그때그때 시험방식에 따라 다르지만) Ⅱ와 Ⅳ 부분에서 일어나기 쉽다.

결국 기존 면접으로는 Ⅰ 부분의 인재를 Ⅱ와 Ⅳ 부분에 위치한 사 람들과 확실히 분리하기가 좀처럼 쉽지 않으므로, 퍼즐 면접으로 눈 을 돌리게 된 것이다.

MS사에서 내세우는 인재 채용의 첫 번째 목표는 '빌 게이츠의 복 제인간'을 선발하는 것이다. 여기서 말하는 복제인간이란 MS사의 은 어로, 빌 게이츠처럼 뛰어난 재능과 경쟁력을 갖추고 있지만 경험은 부족한 젊은이를 가리킨다. MS사는 과거에 뛰어난 성과를 이뤄낸 사 람보다 앞으로 훌륭한 업적을 이루어낼 사람을 찾아내는 방법으로 퍼즐 면접을 채택하고 있다.

미국에서는 면접에서 나이나 체중, 배우자나 자녀의 유무, 가정 환경, 인종, 종교, 정치적 성향 또는 성적 취향이나 자선활동 이력, 전과의 유무에 관해 묻는 것이 법률로 금지되어 있다. 조금이라도 형 평성에 어긋나는 면접은 나중에 소송이나 문제가 될 소지가 있다. 그 러한 점에서도 퍼즐 면접은 단순하고 명쾌한 채용방식으로 평가받 고 있다.

일반적으로 퍼즐 면접은 면접 단계까지 온 지원자 1명당 6명의 면접관이 배정되어 하루 동안 면접을 본다고 한다. 하나의 질문만으로는 적성을 판단할 수 없지만, 여러 명의 면접관이 출제한 문제가 유기적으로 작용하면 지원자의 적성을 알아내기가 상대적으로 쉽다. 또한 정답은 하나라 해도 그곳에 도달하는 과정은 제각각이며 답을 이끌어내는 방법이나 사용하는 언어에도 개인차가 있기 때문에, 이를 통해 지원자의 문제해결력과 개성을 간파하기 쉽다.

이 책에서는 퍼즐 면접만 제시하고 있으므로, 이것이 MS사 면접의 전부라고 여기는 사람들도 많을 것이다.

하지만 지나치게 전문적인 내용이기 때문에 여기서 다루고 있지 않을 뿐, 이 밖에도 시스템이나 소프트웨어 개발 능력을 판단하기 위한 컴퓨터 언어 사용능력 등을 포함한 전문적인 문제가 출제되고 있다. 매니저나 검사관의 경우 자신이 옳다고 생각하는 것을 상대에게 잘 납득시켜야 하는 직종이므로, 설득력을 시험하는 질문을 던지기도 한다.

단, 상급 관리자를 뽑을 때는 퍼즐 형식의 면접을 보지 않는다. 지원자가 실전 경험이 풍부하다면 그 체험에 관해 듣는 편이 상대에 대해 더 많은 정보를 수집할 수 있기 때문이다.

경쟁이 치열한 소프트웨어 회사의 최대 자산은 두뇌 노동력이다.

극심한 스트레스를 이겨내고 업계에서 선두를 유지하기 위해서는 창의적인 발상과 논리적인 사고, 끈기 있는 실행력을 갖추어야 한다. 이러한 자질을 식별한다는 측면에서 제한된 시간 내에 답을 구해야 하는 미니 프로젝트 형식의 퍼즐 면접을 도입하게 된 것이다. 답은 다음과 같다.

퍼즐 면접은 창의적인 발상이나 뛰어난 논리적 사고, 끈기 있는 실행력을 갖춘 인재를 간단하면서도 공정한 방법으로 실수 없이 선별해내는 데 가장 적합한 채용방식이다.

38

기발하고 참신한 발상

"빌 게이츠의 욕실을 설계하라."
당신이라면 빌 게이츠의 욕실을 어떻게 설계하겠는가?

문제를 오역했다고 생각하지는 않지만, 뜻을 좀 더 명확하게 하기 위해 실제 출제된 원문을 소개한다.

"How would you design Bill Gates's bathroom?"

원문을 보면 'will'이 아니라 'would'라는 단어가 등장한다. 이는 당신이 욕실을 직접 설계하는 당사자의 입장에서 의뢰를 받았다는 강한 '가정'의 의미가 담겨 있으므로, 이에 주의해야 한다. 결국 전문적인 설계업자로서 비즈니스적인 절차를 밟아 설계를 제안해야 하는 것이다. 따라서 예산과 납기, 빌 게이츠의 요구 사항 등을 꼼꼼히 검토하지 않으면 불합격될 가능성이 크다.

나아가 '빌 게이츠가 흡족해할 만한 욕실'을 설계하는 것도 중요하지만, 여기서 놓치지 말아야 할 사항은 당신이 MS사의 비즈니스까지 고려한 욕실 설계를 제안해야 한다는 사실이다. 단순히 욕실 내부의 디자인이나 제품의 효율적인 배치를 고려한, 지극히 평범하고 '보기 좋은' 설계안을 제출하는 데 그친다면 합격은 쉽지 않다. 굳이 MS사가 지원자에게 욕실 설계를 요구한 이유가 무엇인지 생각해보아야 한다.

욕실 본연의 기능은 물론 방범부터 쾌적한 생활에 이르기까지, 집의 전체적인 환경을 고려한 아이디어라면 MS사의 향후 비즈니스로 이어질 가능성이 있다. 따라서 이러한 것을 모두 고려한 설계안이어야 합격점을 받을 수 있을 것이다.

물론 이 문제가 출제된 시기는 1990년대이므로, 최근의 빌 게이츠 저택은 이미 첨단화가 상당히 진행되어 있을 것이다. 그러므로 이 질문을 받게 된다면 그것을 훨씬 뛰어넘는 참신한 아이디어를 토대로 설계해야 한다.

여기서 잠깐 빌 게이츠의 현재 집이 어떠한 구조인지를 살펴보기로 하자.

지금으로부터 20여 년 전인 1988년, 그는 시애틀에 있는 워싱턴 호수 부근의 토지를 구입해 1997년에 지금의 저택을 완공했다. 빌 게이츠 자신의 기록에 따르면 이때 쓴 돈은 5,000만 달러(약 650억 원)라 한다.

부지면적은 5.15에이커(약 2만 1,000m²). 실제 길이와는 차이가 있지만 100m×200m에 상당하는 부지면적을 상상하면 그 넓이가 어느 정도인지 짐작할 수 있을 것이다. 그중 안채의 가옥 부분은 4,600m², 차고와 별채는 1,472m²이며, 건물은 유리를 넣어 디자인한 동양적인 목조건축의 형태다.

2005년 토지와 집의 추정가격은 1억 2,500만 달러(약 1,500억 원), 연간 재산세는 99만 달러(약 15억 원)였으며, 이 세상에 단 하나밖에 없는 레오나르도 다빈치의 《코덱스 라이체스터 Codex Leicester》(세상에서 가장 비싼 책으로, 빌 게이츠가 입찰할 당시 3,080만 달러, 약 375억 원이었음, 옮긴이) 자필 원고를 소장하고 있다. 현재 빌 게이츠는 그곳에서 아내와 3명의 자녀와 함께 살고 있다.

그의 집은 상상에 불과했던 기술을 가능한 범위 내에서 현실로 옮겨놓은 꿈의 공간이다. 우선 방문 차량이 집을 향해 다가오면 센서가 이를 인식해 정문이 열리고, 차가 문 앞에 다다르면 원활한 통과를 위해 완전히 열리도록 설계되어 있다.

사람을 인식하는 기술, 바이오매트릭스(bio-matrix, 생체인식 시스템)의 도입으로 사전에 데이터가 등록되어 있는 방문객은 동공과 홍채를 통해 신원을 확인할 수 있다. 방문객은 일단 경비실이 있는 현관에서 체크를 받은 뒤, 그곳에서 마이크로칩을 건네받는다.

마이크로칩에는 사전에 등록된 방문객에 대한 데이터가 들어 있으며 항상 신호를 발신한다. 방문객의 데이터를 토대로 가는 곳마다 원하는 온도를 자동으로 맞춰주거나 선호하는 음악을 틀어주기 때문에, 저마다 집안 곳곳에서 자신에게 꼭 맞는 환경을 만끽할 수 있다. 그 밖에도 집 전체에 음향설비가 완비되어 있어 수영장 바닥에서조차 음악이 흘러나와 항상 기분 좋은 시간을 보낼 수 있으며, 집안은 물론 사설 차도나 보도까지 난방이 설치되어 있다고 한다.

빌 게이츠의 집은 이처럼 첨단적인 기능 외에 '보안'이라는 측면에서도 철저하다. 누가 어느 방에 들어갔는지를 체크하는 수단은 방문객의 마이크로칩뿐이 아니다. 방문객에게는 보이지 않지만, 필요에 따라서는 벽이나 정원수 등 도처에 설치된 카메라를 비롯해 MS사와 연결된 모니터를 통해서도 확인하게끔 되어 있다. 또한 바닥에 센서가 내장되어 있어 사람들의 이동경로를 살필 수 있다.

한편 심플한 디자인이 최고라고 생각하는 빌 게이츠는 많은 문을 문이라고 느낄 수 없을 정도로 벽과 조화시켜 만들 것을 지시했다. 애초 계획은 집안 벽면 곳곳에 설치된 평면 디스플레이에 나뭇결 영상을 틀어놓고 문과 조화를 이루게 해 디스플레이가 존재한다는 사실 자체를 느끼지 못하도록 하자는 것이었다. 하지만 현실로 실현되지 못하고 결국은 목수를 불러 디스플레이를 덮는 슬라이드 방식의 목제 패널을 만들게 했다고 한다.

한편 완벽하게 전자화된 기능 덕분에 통신용 광섬유케이블이 집 안에만 64km, 부지 내 건물 전체에 총 85km나 설치되어 있다. 앞에서 말했듯이 빌 게이츠는 심플한 디자인을 선호하기 때문에 모든 배선뿐 아니라 전기의 콘센트조차 외부에서 전혀 보이지 않도록 마루 밑이나 벽면 어딘가에 수납해두었다고 한다.

그렇다면 그의 욕실은 어떤 기능을 갖추고 있을까? 욕실의 경우 빌 게이츠가 차 안에서 지시를 내리면 그가 원하는 온도의 물을 채울 수 있다. 지금이야 일본에서도 휴대전화로 욕조의 물 온도를 조절할 수 있지만, 빌 게이츠의 집에서는 이 기술이 이미 2001년 즈음에 현실화되었다고 한다.

이러한 사실을 바탕으로 본격적인 욕실 설계에 대해 생각해보자.

다양한 안을 낼 수 있겠지만, 욕실의 가장 큰 특징은 집에서 유일하게 알몸이 되어도 무방한 장소라는 것이다. 다시 말해 자신의 신체를 마음껏 체크할 수 있고 휴식을 취할 수 있는 공간이다. 물론 예산이나 납기를 고려해야 하겠으나 생태학과 건강관리까지 고려한 기발하고 체계적인 아이디어라면, 빌 게이츠 개인뿐 아니라 MS사의 잠재적인 비즈니스로도 이어질 수 있으므로 무난하게 시험을 통과할 수 있을 것이다.

예를 들어 나이와 키를 입력하고 맨발로 핸들을 쥐고 올라서면 체지방과 내장지방을 알려주는 기구가 이미 시판되고 있는 것처럼, 기구와 컴퓨터를 조합해 건강상태를 알 수 있는 주요항목을 전부 표시하는 종합건강관리 시스템을 구축하는 것은 어떨까. 이는 주치의와 약국, 병원 등이 네트워크화되어 질병 예방부터 약 처방, 진찰 예약이나 위급상황 시 호출에 이르는 모든 과정이 포함된 총체적 건강관리 시스템이 되어야 할 것이다. 또 다른 건강관리 시스템으로 변좌(便座)를 이용하는 방식도 고려할 수 있으며, 칼로리를 고려한 균형잡힌 식생활을 위해, 냉장고의 음식과 연동한 종합건강관리 시스템도 제안할 수 있다.

한편 샤워부스나 욕조에서는 물과 수증기 때문에 컴퓨터를 조작하는 데 무리가 따른다. 따라서 욕실에서도 조작할 수 있도록 음성인식 소프트웨어로 움직이는 미니컴퓨터를 벽에 부착해보자. 이러한 시스템이라면 욕조에서 휴식을 취하며 떠오르는 아이디어를 기록할 수 있을 뿐 아니라, 필요할 때마다 외부 스태프에게 바로 지시를 내리기도 수월하다.

어떤가. 이러한 종합건강관리 시스템이나 욕실 컴퓨터 시스템과 관련된 설계안이라면, 예산과 관계없이 곧장 합격점을 받을 수 있지 않을까?

'다른 사람이 자신이 낸 아이디어를 보고 한 번도 웃지 않는다면 독창적인 발상이 아니다'라는 것이 평소 빌 게이츠의 생각이다.

앞에서도 말했듯이 이 문제의 출제배경 또한 지원자의 '풍부한 발상과 기발한 창의성'을 판단하려는 것이므로 다양한 답변이 나올 수 있다. 답안 가이드는 다음과 같다.

예산, 납기, 빌 게이츠의 요구사항 등을 고려해 현재 빌 게이츠의 집에 도입되어 있는 전자공학 기술을 바탕으로, 향후 MS사의 비즈니스가 될 만한 기발하고 참신한 아이디어를 제안한다.

39

사물의 옳고 그름

"자동차 문을 열려면 열쇠를 어느 쪽으로 돌려야 할까?"

평소 이러한 문제에 대해 생각해본 적이 있는가? 실제 "당신의 자동차는 열쇠를 어느 쪽으로 돌려야 문을 열 수 있습니까?"라는 질문을 받는다면 뭐라고 대답할 것인가?

최근에는 리모트 컨트롤로 자동차 문을 열고 닫을 수 있을 뿐 아니라, 3km 이내라면 엔진을 미리 켤 수도 있다. 이 장치는 다소 떨어진 주차장에 세워놓은 차의 엔진을 미리 가열시킬 수 있다는 점에서 추운 날씨에 출근하는 사람에게 큰 장점으로 작용한다. 그런 까닭에 열쇠로 자동차 문을 여는 운전자가 줄어들고 있다.

나는 자동차를 갖고 있는 지인 30명에게 자동차 열쇠를 어느 쪽으로 돌려야 할지 물어보았다. 그중에는 외국인도 포함되어 있었다.

결과부터 말하면 30명 모두 나의 갑작스런 질문에 곧바로 답하지 못했다. 골똘히 생각한 후에도 운전석과 조수석을 명확하게 구분해 열쇠를 돌리는 방향을 그 자리에서 정확히 맞힌 사람은 없었다. 30명 모두 자신의 답변에 확신이 없어 나중에 실제로 차 문을 열어봐야 했다.

이 결과는 대부분의 사람들이 몸이 기억하고 있는 습관에 따라 거의 무의식적으로 열쇠를 돌린다는 사실을 말해준다. 열쇠를 반대로 돌린다 해도 즉시 방향만 바꾸면 문을 열 수 있으므로, 주의를 기울여 기억할 필요가 없는 것이다. 질문하는 과정에서 같은 차라도 운전석과 조수석의 열쇠 회전방향이 반대라는 사실을 처음 알았다는 사람들도 많았다.

그렇다면 실제 자동차는 어떻게 되어 있을까? 나는 국내외 친구와 지인의 정보를 토대로 일본 내 일본차나 수입 자동차, 그리고 해외 현지 자동차나 일본차 등을 조사해보았다. 그 결과 회사는 같아도 나라에 따라 핸들 위치 등이 모두 제각각이었다. 그러나 어떤 경우든 운전석과 조수석 문의 열쇠 회전방향은 하나같이 반대였다.

덧붙이자면 모든 자동차의 트렁크는 운전석 문의 열쇠 회전 방향과 같았다. 열쇠를 돌리는 방향은 운전자가 주로 어느 쪽 손을 쓰는가에 따라 크게 좌우된다. 일본 고교야구에 등록된 선수의 85~90%가 오른손잡이고 컴퓨터 이용자의 88%는 마우스를 오른손으로 조작한다는 결과를 볼 때, 세계 인구의 80% 정도는 오른손잡이라 생각해도 좋을 것이다.

　이러한 내용을 전제로 본론으로 들어가자. 사실 이번 문제는 상당히 막연한 질문으로, 출제자의 취지나 의도가 무엇인지 짐작하기 어렵다. 생산성이나 편리성이라는 측면을 고려해봐도, 실제 어느 한쪽이 조작하기 쉽고 어느 한쪽이 조작하기 어렵다고 단정할 수 없다. 아무리 생각해봐도 덮어놓고 한쪽이 좋다는 이유를 찾기 어려운 것이다. 다시 말해 이 문제는 '차의 열쇠'나 '문을 연다'를 포인트로 출제자를 이해시킬 만한 설명을 요구하고 있다고 생각하면 된다.

　그렇다면 문을 열기에 좋은 구조를 생각해보자. 우선 오른손잡이를 기준으로 하자면, 손과 손목, 그리고 팔의 구조를 볼 때 시계방향으로 열쇠를 돌리는 편이 수월하다. 우리가 책상 위에 손을 얹을 때를 생각해보면, 오른손은 자연스레 손바닥이 아래로 향하거나 비스듬히 아래를 향해 기울어진 상태를 유지한다. 의도적으로 펼치지 않는 한 손바닥이 위를 향하는 경우는 없다.

　따라서 자연스레 손을 얹은 상태에서 가능한 한 시계방향으로 손바닥을 돌리면, 완전히 손바닥이 드러나는 180도까지는 간단히 돌아간다. 그러나 반대 방향, 즉 반시계방향으로 손을 돌리면 쉽게 돌아가지 않는다.

이 질문에서 면접관이 원하는 것은, 자신이 옳다고 생각한 답변을 그 이유와 배경까지 포함해 이론적으로 설명할 수 있느냐는 것이다.

이제껏 살펴본 것처럼 문을 열고 닫는 방향에 옳고 그름은 없다. 이 문제의 출제 의도는 어느 한쪽이 옳은 이유가 확실히 드러나지 않은 상태에서 옳고 그름을 판단해야 할 때, 지원자가 어떤 결론을 내리는지, 그리고 면접관의 의도를 이해한 상태에서 '배경까지 포함해 납득할 만한 설명'을 할 수 있는지, 지원자의 '설득력'을 보고자 하는 것이다.

그러면, 정답의 대표적인 예를 제시한다.

간신히 열쇠를 돌릴 수 있을 정도의 힘밖에 남아있지 않은 오른손잡이가 빈사 상태에서 차 문을 열어야 할 때, 열쇠를 오른쪽으로 돌리는 편이 바람직하다.

40

연립방정식으로 풀 수 없다?

"톰과 짐이 갖고 있는 돈의 의미는?"

톰과 짐은 합쳐서 21달러를 갖고 있다. 톰은 짐보다 20달러 많이 가지고 있다. 그들이 가진 돈은 각각 얼마일까? 다만 답에 소수점이 포함되어서는 안 된다.

이번에는 막연한 앞 문제와는 정반대로 확실한 숫자를 다루는 문제다. 이 문제를 대하는 지원자들은 세 가지 타입으로 나뉜다.

첫 번째로는 즉석에서 톰이 20달러, 짐이 1달러를 가지고 있다고 답한 후, 어째서 이렇게 간단한 문제를 냈는지 의아해하는 타입이다. 이 책에 나오는 질문들은 어디까지나 면접에서 출제된 것으로 필기시험이 아니다. 따라서 면접관이 눈앞에서 답변을 기다리고 있는 모습을 상상하면, 가능한 한 빨리 대답하는 편이 면접관으로부터 좋은 평가를 받기 쉽다. 이는 '즉답'을 시험하는 문제라 받아들여도 전혀 어색하지 않다.

두 번째는 톰이 20.5 달러, 짐이 0.5달러 가지고 있다고 대답했다가 '잠깐, 답에 소수점이 있어서는 안 된다고 했는데'라며 다시 생각하는 타입이다. 그러나 답을 아무리 고민해봐도 톰이 20.5달러, 짐이 0.5달러로 끝수가 생긴다. 이럴 경우 무언가 자신이 깨닫지 못하는 부분이 있는 것이 아닐지 생각하게 된다.

세 번째는 '이런 일은 있을 수 없다', '이 문제는 풀 수 없다'고 바로 답하거나 잠시 생각한 후 답하는 타입이다.

첫 번째 경우는 톰이 20달러를 가지고 있다면 20-1=19, 톰이 짐보다 19달러를 많이 가지고 있다는 결론이 되므로 확실히 잘못된 답이다. 문제는 두 번째 타입처럼 생각하는 지원자다.

이제까지 살펴본 문제들 가운데 지구상에서 출발점으로 다시 돌아가는 지점의 수를 구하는 문제나 수위의 변화와 관련된 문제, 흰 구슬과 붉은 구슬의 확률 문제 등은 물리나 수학과 관련된 것들이었다. 이러한 문제들은 정답이 꼭 하나가 아니거나 답이 없는 것처럼 보여도 유연한 관점에서 생각하면 답을 구할 수 있었다.

따라서 이 문제에서도 그 배경을 곰곰이 따져봐야 한다고 생각하기 쉬운데, 이 문제에는 그러한 문제와 다른 부분이 하나 있다. 그 부분을 명확히 하기 위해 방정식을 이용해 문제를 풀어보자.

톰이 가진 돈을 X, 짐이 가진 돈을 Y라 하면, 문제는 'X+Y=21,

X-Y=20'이라는 연립방정식이 된다. 이를 계산하면 X=20.5, Y=0.5
가 되므로 이 외의 값은 존재하지 않는다는 사실을 알 수 있다.

하지만 이 답에는 소수점이 존재한다. 이는 순수한 수학의 세계에
서 도출된 절대적인 결과로, 답이 변할 수는 없다. 발상을 바꾼다고
해서 정답을 구할 수 있는 문제가 아니라 절대적인 세계의 문제인 것
이다. 따라서 이 문제에는 정답이 없다.

그렇다면 왜 이런 문제를 출제한 것일까? 이는 지원자가 자신이
도출한 결과를 명쾌하게 설명하고, 아닌 것은 확실히 아니라고 자신
있게 말할 수 있는지를 보기 위해서다. 실제 비즈니스에서도 처음에
는 그 진위를 알 수 없는 경우가 많아 자칫하면 없는 답을 찾아 애꿎
은 시간만 허비하기 쉽다. 따라서 조금이라도 빨리 잘못된 것을 간
파할 수 있는 사람인지, 지원자의 판단력과 결단력을 테스트하려는
것이다. 그러면, 정답이다.

> 톰이 짐보다 20달러 많이 가지고 있다면, 이는 오직 소수점이 포함되는 20.5달러를
> 가졌을 경우다. 따라서 답에 소수점이 포함되어서는 안 된다는 질문 자체가 잘못된
> 것이다.

41

단순 확률계산에 관한 의문

"권총 실린더를 돌려야 할까, 말아야 할까?"

회전식 권총에 총알 두 발을 이웃한 위치에 연속해서 넣었다. 권총의 실린더에는 총알 여섯 발이 들어간다. 무작위로 실린더를 돌려 자신의 머리에 겨누고 방아쇠를 당겼는데, 다행히 총알은 발사되지 않았다. 다시 한 번 방아쇠를 당겼을 때 총알이 발사되지 않게 하려면 실린더를 돌려야 할까, 돌리지 말아야 할까?

다소 섬뜩한 내용이긴 하지만 이는 러시안룰렛Russian roulette을 소재로 한 유명한 확률 문제다. 본래 러시안룰렛은 이 문제와는 달리, 회전식 연발권총에 단 한 발의 총알을 장전하고 머리에 총을 겨누어 방아쇠를 당기는, 목숨을 건 게임이다.

이미 러시안룰렛의 이름이나 내용을 알고 있던 사람, 평소 확률과는 그다지 인연이 없던 사람도 이 문제 속 상황에 놓이게 된다면 새삼 '확률'에 관해 따져볼 수밖에 없을 것이다.

확률의 기본은 일어날 수 있는 모든 경우의 수 가운데 해당하는 경우의 비율을 숫자로 나타내는 것이다.

먼저 n개의 탄환을 장전할 수 있는 실린더에 단 한 발의 총알을 넣는 오리지널 러시안룰렛의 확률에 대해 생각해보자. 처음 방아쇠를 당겼을 때 총알이 발사될 확률은 $1/n$이며, 실린더를 돌리지 않고 그대로 게임을 계속한다면 2회 때는 $1/(n-1)$, 3회 때는 $1/(n-2)$…로, 총알이 발사될 확률이 점점 높아지는 것을 알 수 있다.

이와 반대로 방아쇠를 당길 때마다 실린더를 돌릴 경우에는 '$1/n$'이라는 확률에 변함이 없으므로, 실린더를 돌리며 게임을 계속하는 쪽이 실린더를 돌리지 않는 경우보다 총알이 발사될 확률이 낮다.

이 설명은 우리 문제의 정답을 구하는 데 별다른 도움이 안 될 것처럼 보이지만 의외로 중요한 실마리가 된다. 우리도 면접관이 납득할 수 있도록 수학적으로 증명해야 하는데, 이때 빠르고 신속하게 답안을 도출하는 근거가 되기 때문이다.

이제 실린더를 돌릴 경우와 돌리지 않을 경우의 확률을 통해 본격적으로 문제를 풀어보자. 실린더를 돌려 총알이 정확히 발사되는 장소에 왔을 때를 '명중'이라고 표현하자.

이 문제에서 실린더를 돌렸을 때 일어날 수 있는 경우의 수는 실린더의 총 개수와 같으므로 6이 된다. 그중 총알이 들어 있는 수는 2개다. 따라서 총알이 명중될 확률은 2/6, 즉 1/3이다.

문제의 조건에 따라 실린더를 돌리지 않을 때 첫 번째 총알은 명중되지 않았으므로 일어날 수 있는 모든 경우는 나머지 탄창의 수인 5가 된다. 여전히 2개의 총알이 들어 있으므로 다시 총알이 명중될 확률을 구해보면 명중될 확률은 2/5가 된다.

따라서 실린더를 돌렸을 경우의 명중률인 1/3이 돌리지 않았을 경우의 2/5보다는 적으므로, 총알이 발사되지 않으려면 실린더를 돌리는 것이 좋다. 하지만 이대로는 아무리 총알의 수에 변화를 주어도 동일한 결과가 나올 수밖에 없다.

그렇다면 다시 문제로 돌아가 본래의 러시안룰렛과 다른 부분인, 총알 2개가 '서로 이웃해 있다'는 점을 주목해보자. 지금까지의 해설을 충분히 이해한 사람이라면, '총알이 연속으로 들어 있기 때문에 확률이 달라지진 않을까?'라고 예측할 수 있을 것이다.

자, 다시 한 번 경우의 수를 따져보자. 첫 번째 총알이 명중되지 않았으므로 다음에 일어나는 모든 경우의 수에 변화가 생긴다. 본래의 러시안룰렛과는 달리 2개의 총알이 연속으로 들어 있기 때문에 일어날 수 있는 실린더의 배열에 제한이 생기는 것이다.

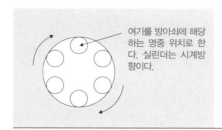
여기를 방아쇠에 해당하는 명중 위치로 한다. 실린더는 시계방향이다.

그림 41.1

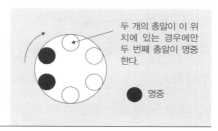

두 개의 총알이 이 위치에 있는 경우에만 두 번째 총알이 명중한다.

● 명중

그림 41.2

실린더의 회전 방향은 총의 종류에 따라 시계방향이나 반시계방향 중 하나로 정해져 있으며 도중에 방향이 바뀌는 일은 없다. 그림 41.1처럼 실린더는 시계방향으로 돌아가며 총알의 명중 위치는 실린더의 맨 위쪽이라고 가정하자. 그렇다면 두 번째 방아쇠를 당겼을 때 총알이 명중하게 될 배치는 그림 41.2의 경우가 된다.

첫 번째 총알이 명중하지 않았다는 것은 실린더가 그림 41.3의 A~D 중 어느 하나의 상태에 있을 때다. 결국 두 번째 방아쇠를 당길 때 일어날 수 있는 모든 경우의 수는 앞에서처럼 다섯 가지가 아니라 네 가지이며, 이는 2개의 총알이 이웃한다는 조건에 따라 새롭게 생긴 제약이다.

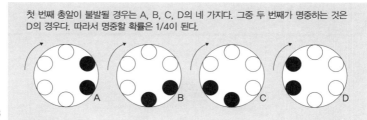

첫 번째 총알이 불발될 경우는 A, B, C, D의 네 가지다. 그중 두 번째가 명중하는 것은 D의 경우다. 따라서 명중할 확률은 1/4이 된다.

그림 41.3

실린더를 돌리지 않고 총알을 발사했을 때 일어날 수 있는 모든 경우의 수 가운데 총알이 명중하는 것은 D 하나뿐이다. 따라서 확률은 1/4이 된다. 실린더를 돌려서 다시 처음의 출발점으로 돌아간다면 그 확률은 앞에서 본대로 1/3이 된다. 결국 1/3이 1/4보다 크기 때문에 실린더를 돌리지 않아야 총알이 발사될 확률이 낮아진다.

이 문제는 확률의 문제다. 단순한 확률인 러시안룰렛을 조금 변형했을 때 지원자는 어떠한 반응을 보이는지, 사고 과정은 얼마나 논리적인지, 문제를 해결하는 스피드는 얼마만큼 달라지는지 등을 판단하려는 면접관의 의도를 엿볼 수 있다. 그러면, 정답이다.

실린더를 돌렸을 경우의 확률은 6개의 실린더에 2개의 총알이 들어 있으므로 2/6, 즉 1/3이 된다. 실린더를 돌리지 않았을 때의 확률을 구해보면, 첫 번째 총알이 불발되었으므로 이웃한 두 번째 총알이 명중될 경우의 수는 4가 된다. 전체 경우의 수 중에서 실린더를 돌려 총알이 명중 위치에 올 경우의 수는 1. 따라서 그 확률은 1/4이 된다. 확률을 비교하면 1/3〉1/4이므로, 권총 실린더를 돌리지 않아야 총알이 명중될 가능성을 낮출 수 있다.

42

컴퓨터의 원리와 응용

Q

"-2진법으로 수를 세시오."

이 문제는 지금까지의 문제와 달리, 컴퓨터에 쓰이는 2진법과 관련해 컴퓨터의 근본원리를 직접적으로 묻고 있다. -2진법이 물리학이나 수학의 세계에 도움이 될지는 논외로 치더라도, 현실적으로 있을 수 없는 -2진법을 다루고 있다는 점에서 아무래도 빌 게이츠다운 질문이라 하겠다.

비트라는 단어로 대표되는 1과 0, 온과 오프라는 두 가지 신호만을 이용하는 2진법의 응용은 컴퓨터가 탄생하게 된 계기로, 컴퓨터에서는 기본적인 계산은 물론 문자와 화상, 음성 모두가 비트라는 단위를 기본으로 처리된다. 그뿐 아니라 오늘날 온·오프의 신호처리는 CD나 DVD, 카메라, 방송통신 등 다양한 디지털 분야에 파고들어 우리의 일상생활과 밀접하게 연결되어 있다.

그렇다면 본격적인 문제 풀이로 들어가기 전에 10진법과 2진법을 간단히 복습해보자.

보통 숫자는 10진법으로 표기된다. 10진법은 0에서 9까지 10개의 숫자를 이용해 모든 수를 표현할 수 있다는 원리로, 각 숫자를 10의 거듭제곱으로 표현하는 것이다.

예를 들어 279라는 수를 글자로 풀면 '이백칠십구'가 되는데 이는 백이 2개, 십이 7개, 일이 9개인 수를 가리킨다. 이는 즉 '$2 \times 100 + 7 \times 10 + 9$'이고, 10의 거듭제곱으로는 '$2 \times (10)^2 + 7 \times (10)^1 + 9 \times (10)^0$'으로 나타낼 수 있다. 단, 어떤 수라도 그 제로 제곱은 1이라는 약속에 따라 $(10)^0$은 1이 된다. 우리는 일상생활에서 거듭제곱항의 '279'라는 앞 숫자만을 순서대로 나열해 수를 표현한다.

이렇게 모든 숫자를 10의 거듭제곱으로 표현한 것이 10진법이며, 그 자릿수 기본 단위는 $(10)^0$, $(10)^1$, $(10)^2$, $(10)^3$, $(10)^4 \cdots$, 즉 1, 10, 100, 1000, 10000$\cdots$이 된다.

이를 똑같이 2진법에 대입하면, 2의 거듭제곱이 자릿수의 기본단위가 된다.

'$(2)^0$, $(2)^1$, $(2)^2$, $(2)^3$, $(2)^4$, $(2)^5$, $(2)^6 \cdots$'을 10진법으로 표현하면 '1, 2, 4, 8, 16, 32, 64$\cdots$'가 된다. 각각의 거듭제곱항 앞에 0과 1, 2개의 숫자만을 놓는다는 것은, 이들 1, 2, 4, 8, 16, 32, 64$\cdots$라는 수들을 0과 1만으로 표현하라는 것이다.

예를 들어 10진법의 36이라는 수는 32+4이므로 $1 \times (32) + 2 \times (2)$가 되고 이것을 2진법의 거듭제곱으로 표현하면 '$1 \times (2)^5 + 0 \times (2)^4 + 0 \times (2)^3 + 1 \times (2)^2 + 0 \times (2)^1 + 0 \times (2)^0$'이 된다.

따라서 10진법의 36을 2진법으로 표현하면, 그 거듭제곱 앞의 숫자만을 나열해 100100으로 표현할 수 있다.

우리 인간의 손이 10개였기 때문에 평소 10진법으로 수를 세고 있지만, 이렇게 생각하면 3진법, 4진법…등 어떤 정수를 이용해도 모든 수를 표현할 수 있을 것이다.

그러면 문제의 본론으로 들어가자. 앞에서 설명했듯이 'XX진법'이라는 것은 XX 이하의 수를 이용해 XX의 거듭제곱단위로 수를 나타내는 방법을 가리킨다. 10진법의 XX는 10이고 2진법의 XX는 2인 것처럼, XX는 어떤 수가 되어도 상관없지만, -2진법이 되는 순간에는 문제가 생긴다. 이를 단순히 (-2)의 거듭제곱으로 이해하고 쉽게 계산한 사람은 수학적 원칙을 엄밀하게 따지기보다 암묵적인 조건을 전제로 문제를 푼 것이다.

그렇다면 여기서 문제가 되는 것은 무엇일까? 그것은 'XX 이하의 수를 이용하라'는 부분이다. -2진법이라는 단어를 엄밀히 해석하면 '-2 이하의 수'를 이용하라는 의미가 되는데, 현실적으로 사물의 개수가 마이너스가 될 수는 없지 않은가.

이제껏 풀어본 MS사의 면접문제 중에는 그 논리를 확실히 설명할 수 있는지의 여부를 평가하는, '답'이 없는 문제도 섞여 있으므로, 이것도 그 범주에 들어가는 문제가 아닌지 의심해볼 수도 있다. 이때 현실적이지 않은 문제를 열심히 생각해봤자 뾰족한 수가 없으므로, 우선 한발 물러나 -2가 아닌 2로 바꾸어 생각해보자. 하지만 이번엔 그 2개의 수를 0과 -1로 할 것인가, 아니면 0과 1로 할 것인가 하는 또 다른 난관에 봉착할 것이다.

원래는 0과 -1이라는 숫자가 문제의 의도에 맞겠지만, 그렇게 되면 앞에서 2진법으로 나타낸 100100의 표기가 -100-100이 되어버린다. 현실 세계에서 이러한 디지털 표기는 아무런 의미가 없으므로 여기서는 2개의 수를 0과 1로 한다는 전제조건으로 문제를 풀어가자.

-2진법으로 자릿수 단위를 풀어가면 '$(-2)^0$, $(-2)^1$, $(-2)^2$, $(-2)^3$, $(-2)^4$, $(-2)^5$, $(-2)^6$…'이 되고, 이를 10진법으로 표현하면 '1, -2, 4, -8, 16, -32, 64…'라는 수가 된다. 그리고 앞의 2진법에서처럼 '1, -2, 4, -8, 16, -32, 64…'라는 수들을 0과 1만의 조합으로 표현해야 한다.

1은 1 그 자체이므로 문제없다. 2는 '(4)+(-2)=2'로 만들 수 있다. 이는 '$1 \times (-2)^2 + 1 \times (-2)^1 + 0 \times (-2)^0 = 2$'이므로 이를 -2진법으로 표현하면 110이 된다.

계속해서 순서대로 진행하면 3은 '(4)+(−2)+(1)=3'이므로 111, 4는 '(−2)²=4'이므로 100, 5는 '(4)+(1)=5'이로 101, 6은 '(16)+(−8)+(−2)=6'이므로 11010, 7은 '(16)+(−8)+(−2)+(1)=7'이므로 11011, 8은 '(16)+(−8)=8'이므로 11000, 9는 '(16)+(−8)+(1)=9'이므로 11001, 10은 '(16)+(−8)+(4)+(−2)=10'이므로 11110임을 알 수 있다. −2진법으로도 10진법의 3에서 10은 물론, 13까지도 무난히 셀 수 있다.

그렇다면 14부터는 어떨까?

사실 이 질문은 조금 의도적으로 여러분의 사고를 시험한 부분이 있다. 이미 눈치 챈 독자도 있을 것이다. 10진법에서 0에서 9라는 숫자로 모든 수를 표현할 수 있는 것처럼, −2진법으로 10까지 셀 수 있다면 모든 수를 셀 수 있지 않겠는가.

그렇다. −2진법으로도 모든 수를 셀 수 있다. 14 이후의 수를 −2진법으로 표현하면 10010, 10011, 10000, 10001, 10110, 10111, 10100, 10101, 1101010, 1101011, 1101000…과 같이 얼마든지 셀 수가 있다.

−2진법으로 모든 수를 셀 수 있다면 −N진법도 가능하지 않을까? 물론 가능하다. 앞에서 말한 −3진법으로도 수를 셀 수 있다. $(−3)^0$, $(−3)^1$, $(−3)^2$, $(−3)^3$, $(−3)^4$, $(−3)^5$…, 이를 10진법으로 나타내면 '1, −3, 9, −27, 81, −243…'이 된다.

−2진법에서 거듭제곱 앞에 쓸 수 있는 수가 0과 1이었던 이 문제

처럼, -3진법에서는 '0, 1, 2'라는 3개의 숫자를 쓸 수 있으므로 10
진법의 1부터 10까지를 -3진법으로 나타내면 '1, 2, 120, 121, 122,
110, 111, 112, 100, 101'이 된다. 이처럼 -N진법으로도 모든 수를
셀 수 있는 것이다.

이 문제의 배경은 지원자가 컴퓨터의 계산원리인 2진법을 얼마나
확실히 이해하고 있는지를 판단하려는 것으로, 10까지 표기할 수 있
다면 이미 2진법을 충분히 알고 있다고 판단해도 좋다. 자, 정답이다.

0과 1, 2개의 수를 써서 -2진법으로 1에서 10을 세면, 순서대로 1, 110, 111, 100,
101, 11010, 11011, 11000, 11001, 11110이 된다.

43

전체부터 파악하라

"천문학적 숫자의 답을 구하라?"

26개의 정수가 있다. 이를 각각 A에서 Z라 하자. A=1이라 하고 계속해서 알파벳 순서대로 수의 값을 정한다. 다른 정수의 값은 앞의 정수를 제곱한 것으로 하자. 예를 들어 B(두 번째 알파벳)=2^A=2^1=2, C=3^B=3^2=9와 같이 계속된다. 이때 (X-A)×(X-B)×(X-C)………(X-Y)×(X-Z)의 정확한 값을 구하라.

앞의 문제는 컴퓨터의 계산원리인 2진법을 이해하고 있는지를 알아보기 위한 것이었다. 그렇다면 이번 문제는 어떨까?

톰과 짐 두 사람이 21달러를 가지고 있는 40번 문제처럼, 이번 문제 또한 지원자를 세 가지 타입으로 나눌 수 있다. 예를 들어 문제가 의외로 간단하다는 A 타입, 무언가 자신이 깨닫지 못하는 부분에 단서가 숨어 있을 것이라 생각하는 B 타입, 그리고 이 문제는 풀 수 없을 거라는 C타입 정도다.

우선 문제의 조건대로라면 X는 알파벳의 24번째 문자가 된다. 따라서 앞의 정수 W의 24제곱, W는 V의 23제곱, V는 U의 22제곱, T 는 S의 21제곱…이러한 식으로 계속해나가면 결국 X는 24의(23의 (22의(21의………(3의(2의 1제곱)제곱)……제곱)제곱)제곱)제곱이 되 며, 지수(指數, 어떤 수의 오른쪽 위에 부기해 그 제곱을 표시하는 문자나 숫자, 옮긴이)가 23개나 된다.

실제 24의 23제곱은 얼마나 엄청난 숫자일까?

인터넷 포털인 구글Google의 경우 지금은 누구에게나 친숙한 사이 트가 되었지만, 처음 세상에 나왔을 때는 영어권 사람들조차 익숙하 지 않은 명칭이었다. 심지어 오토바이를 탈 때 쓰는 안경인 고글, 즉 '훑어본다'는 의미의 단어를 붙였다는 말도 있었다.

실제로는 검색기술을 개발한 래리 페이지Lawrence Page와 세르게이 브린Sergey Brin, 2명의 창업자가 붙인 명칭으로, 전 세계에 흩어져 있 는 방대한 정보를 데이터베이스화하여 그것을 모든 사람에게 제공 한다는 '사명'을 배경으로 한 것이다. 구글이라는 이름은 '방대함' 을 일컫는 '구골Googol'에서 비롯되었다고 한다.

구골이란 미국의 수학자 에드워드 캐스너Edward Kasner가 조카의 말을 듣고 생각해낸 신조어로 10^{100}, 즉 10의 100제곱에 붙여진 이름이다.

이것에 'plex'를 붙인 구골플렉스Googolplex라는 수는 $10^{(10^{100})}$, 다시 말해 10을 구골승한 수를 가리키는데, 우주에 있는 원자나 그보다 더 작은 소립자를 합한 수보다 훨씬 큰 수에 해당된다. 따라서 이 구골이나 구골플렉스는 엄청나게 큰 수를 인용할 때 말고는, 실생활에서는 거의 사용하지 않는다.

그러나 이 $10^{(10^{100})}$이라는 구골플렉스조차 이 문제에 정의된 X에 비하면 턱없이 작은 수가 된다. 지금까지 인텔에서 만든 어떤 마이크로프로세서도 X의 값을 구할 수 없다. 무어의 법칙(칩의 정보량은 18개월 단위로 2배씩 증가하지만, 가격은 변하지 않는다는 이론, 옮긴이)이 계속된다고 해도 방대한 X값을 구하긴 어려울 것이다. 따라서 우선 이러한 X값을 구하는 데 무언가 획기적인 방법이 있을 것이라 생각하는 지원자나, 무한대(∞)의 무한대의, 또 그 무한대의 무한대이므로 그 값을 구할 수 없다고 생각하는 지원자가 있다 해도 이상할 것은 없다.

그러나 면접관은 이 부분에서 이제껏 풀어온 문제처럼 지원자가 무언가 깨닫기를 기대하고 있다. '식 속에 이런 큰 수(X)가 많이 나오는 것 자체가 어딘가 이상하다'는 생각 말이다. 이때 침착하게 식을 살펴보면 그 속에 (X-X)가 들어 있다는 사실을 깨달을 수 있을 것이다. 이 값은 0이므로 문제를 계산한 결과도 0이 된다.

그렇다면 이 문제의 출제 배경에 숨겨진 의도는 무엇일까? 예측하기 쉽지 않은 일에 막대한 시간과 에너지를 쏟지 말고, 전체적인 구

도를 제대로 파악할 수 있는 자질을 지녔는지 보고자 하는 의도로,
이는 당장 무슨 일이 일어날지 알 수 없는 비즈니스 사회에 없어서
는 안 될 능력이다.

그러면, 정답이다.

식 중에는 (X-X)가 포함되므로 결국 구하는 값은 0이 된다.

44

일상에 대한 이해도와 상상력

"컴퓨터로 작동되는 전자레인지를 설계하라."

컴퓨터로 조작할 수 있는 전자레인지를 설계한다면 어떻게 하겠는가?

MS사의 면접에는 논리적인 사고를 판단하는 문제와 설계방식을 묻는 문제가 자주 등장한다. 이 책에도 블라인드의 리모트 컨트롤을 비롯해 향신료 수납 선반, 빌 게이츠의 욕실을 설계하라는 문제까지 다양한 설계 문제들이 포함되어 있다.

이러한 문제를 출제하는 이유는 지원자의 발상이 얼마나 참신한지를 판단하려는 것도 있지만, 지원자가 내놓은 설계 아이디어를 (기능성과 편리성, 가격과 디자인 등을 고려해) 실제 비즈니스로 발전시킬 수 있는지를 평가하려는 의도 또한 무시할 수 없다.

이번 문제는 '컴퓨터'라는 단어가 확실히 등장하기 때문에 이 조건을 충분히 고려한 다음 설계를 시작하자.

그런데 설계를 시작하기 전에 하나 짚고 넘어가야 할 것이 있다. 일부 전문가를 제외한 대부분의 사람들이 음식을 단시간 내에 데우는 기능을 제외하고는, 전자레인지의 기능이나 원리에 대해 제대로 모른다는 사실이다. 전자레인지에 대해 잘 알지도 못하면서 설계를 한다는 것 자체가 무리이므로 그에 관한 기본적인 지식을 잠시 살펴보자.

전자레인지라는 이름의 정식 명칭은 '마이크로웨이브 오븐Microwave Oven'이며, 이름이 뜻하는 것처럼 열로 가열하는 것이 아니라 초단파를 이용해 음식을 데우는 기구다. 보통 오븐이 가스나 전기로 직접 열을 가해 음식을 익힌다면, 전자레인지는 마이크로웨이브의 초단파로 음식의 분자를 진동시켜 그 마찰로 음식에 열을 일으킨다.

전자레인지의 장점은 강력한 전파로 음식의 수분을 아주 짧은 시간 내에 데워 냉동식품을 해동하거나, 뿌리채소 등을 효율적으로 조리할 수 있다는 것이다. 한편 음식을 담은 용기에 수분만 포함되어 있지 않다면, 용기에 어떤 변화도 일어나지 않는다는 것 또한 장점이다. 다만 금속으로 만들어진 용기의 경우 마이크로파로 인한 과전류가 발생해 불이 날 수 있으므로 사용하지 않는 것이 현명하다.

이러한 이유에서 전자레인지는 직접 열을 가하지 않고도 식재료를 익힐 수 있지만, 마이크로파가 닿는 부분만 따뜻해질 수 있기 때문에 내부에 턴테이블을 설치하거나, 재료에 따라 랩으로 싸서 조리해야 한다.

그렇다면 컴퓨터의 특징은 무엇이 있는가? 컴퓨터의 장점으로는 계산, 기억, 조건검색, 프로그래밍, 그리고 스피드 등을 들 수 있을 것이다.

자, 이제 컴퓨터의 장점과 전자레인지의 편리성을 조합해 본격적인 설계를 시작해보자.

먼저 자주 먹는 음식의 데이터베이스를 작성한다. 여기서 데이터베이스란 자기가 좋아하는 음식을 요리하는 데 걸리는 시간과 턴테이블의 회전횟수, 랩으로 식재료를 쌀 것인지의 여부 등을 기록한 것이다. 조리시간은 보통 전자레인지에 달려 있는 '냉동식품 해동 시에는 ○○분, 야채 조리 시에는 ○○분, 날생선은 ○○분'이라는 식의 고정버튼을 참고하기를 권한다.

아예 모든 식재료에 부착된 바코드를 읽는 센서를 전자레인지에 부착해둘 수 있을 것이다. 이 경우 당신이 전자레인지에 재료를 넣으면 센서가 코드 및 조리법을 읽고 온도와 조리시간 등을 자동으로 조절하게 된다. 식재료를 레인지에 넣으면 바코드를 읽은 컴퓨터가 데이터베이스에서 조건을 검색해 자동적으로 레인지에 조리시간과 방법을 전달하는 것이 가장 간단한 설계법이 되는 셈이다.

또 다른 방법으로는 음성인식기능을 추가할 수 있다. 이 경우에도 바코드 없이 지정한 데이터베이스의 번호를 소리 내어 읽기만 해도 전자레인지를 작동할 수 있으므로 손으로 직접 조작하지 않아도 된다.

한편 전자레인지는 불로 가열하는 도구가 아니기 때문에 사람이 집에 없어도 편리하게 사용할 수 있다. 따라서 용기와 재료만 제대로 갖추어져 있다면 원격으로도 얼마든지 조작할 수 있으므로, 휴대전화 등을 이용해 언제든 요리를 시작할 수 있다.

이러한 문제를 출제한 배경은 전자레인지와 컴퓨터의 편리성을 바탕으로 얼마나 참신한 아이디어를 내놓는지를 평가하려는 것이므로, 다양한 답변이 나올 수 있다. 그러면, 샘플 답안이다.

먼저 자신이 좋아하는 요리의 조리시간, 턴 테이블의 회전회수, 랩 포장 여부 등을 포함한 데이터베이스를 만든다. 다음으로 식재료에 부착된 바코드를 읽을 수 있는 센서를 전자레인지에 부착하면, 바코드를 인식한 컴퓨터가 데이터베이스의 자료를 바탕으로 조리를 지시한다. 추가로 음성인식기능을 설치하면 바코드 없이도 음성으로 조리를 지시할 수 있다.

45

사고 과정의 중요성

"미시시피강의 유수량은?"

뉴올리언스를 흐르는 미시시피강의 시간당 유수량은 얼마인가?

'전문가가 아닌 다음에야 자기 나라도 아닌 다른 나라의 강에 관한 문제를 풀 수 있을까?'라는 것이 이 문제를 접한 사람들의 일반적인 견해일 것이다. 앞에서 단서를 짐작조차 할 수 없는 문제들이 출제된 것만 봐도, 면접관 또한 이러한 사실을 알고 있겠지만 말이다.

하지만 앞에서도 말했듯이 황당무계하다고 느껴지는 문제에도 나름대로 출제된 이유가 있다. 대표적인 것이 페르미 추정이다. 수치화된 답변을 원하긴 하지만, 정확한 답보다는 수치를 도출해내는 사고 과정, 논리적인 프로세스를 판단하려는 문제다. 따라서 정확한 수치보다 어떻게 문제를 파악하고 해결해나갈 것인지, 확실한 대응 자세와 논리를 보여주면 된다.

이런 유형의 문제에는 필연적으로 가설, 즉 전제조건이 필요하다. 그렇다고 해서 가설에 지나치게 엉뚱한 수치를 적용할 경우 그 자리에서 바로 불합격 통보를 받을 수 있으므로, 가능한 한 상식을 벗어나지 않는 선에서 접근해야 한다. 이와 반대로 '그 정도까지 생각하다니!'라고 놀랄 정도의 가설을 제시하면, 이는 면접관을 감탄시키는 계기가 되기도 한다.

본격적으로 문제를 풀기에 앞서 유수량을 산출하는 방법을 몇 가지 떠올려보자. 바로 생각할 수 있는 것은 가장 직접적인 방법인데, 수심과 강의 폭, 강이 흐르는 속도를 추측해 각각 그것을 곱해 답을 구하는 것이다. 하지만 세 가지 요소의 시간당 수치를 구하기가 만만치는 않다.

다음으로는 강의 폭이나 수심과 상관없이 상류에서 흘러드는 강물이 얼마나 되는지 유역면적의 값으로 추정하는 방법이 있다.

물론 전자의 방법도 가설을 세워야 한다는 점에서 오차가 생기긴 하겠지만, 후자의 방법은 좀 더 우려되는 점이 많다. 후자는 지류(支流)의 크기나 수, 지역별 연간 평균 강수량 등을 구해야 하며, 광활한 건조지대까지 포함해 엄청나게 긴 거리를 흐르는 과정에서 증발하는 물의 양도 고려해야 한다. 오차 발생 요인이 지나치게 많을 뿐 아니라 실제 이 방법을 이용하면 지역별 수치를 내기 위해 여러 단계의 계산이 필요하므로, 면접 시간 안에 답변하기 어려울 것이다. 그러므로 여기서는 전자의 방법을 이용해보자.

제대로 가설을 세우려면 뉴올리언스에 관해 적어도 다음과 같은 정도는 알고 있어야 할 것이다. 뉴올리언스는 2005년 대형 허리케인의 상륙으로 막대한 수해를 입은 도시이며, 미시시피강은 미국의 중부를 북쪽에서 남쪽으로 관통하는 미국 최대의 강이다.

멕시코 만에 상륙한 허리케인으로 막대한 수해를 입었다는 사실은 뉴올리언스가 미시시피강의 하구 부근에 있다는 것을 뜻한다. 일반적으로 강의 하구 부근은 긴 거리를 떠내려온 퇴적물이 강 가운데 모래톱을 만들고 있어 수심이 얕은 편이다. 그렇기 때문에 하천이나 적은 양의 바닷물이 유입되어도 짧은 시간에 물이 넘치는 것이다. 물이 범람했다는 사실에서 강의 폭이 그다지 넓지 않았을 것이라는 사실도 예상할 수 있다.

이 문제는 정확한 값을 요구하는 것이 아니므로 앞에서도 말했듯이 전제조건을 결정하기까지의 프로세스를 면접관에게 논리적으로 설명하는 것이 중요하다.

한편 관련지식이 부족해 추정치를 세울 때는, A를 알면 B를 알 수 있다는 '페르미 추정'을 통해 지혜를 모아야 한다. 예를 들어 주변에서 볼 수 있는 하천을 토대로 가설을 세우는 것도 하나의 방법이다.

자, 하천을 자주 접해보지 않은 사람이라도 바다와 가까운 곳의 철교를 건넌 적은 있을 것이다. 큰 강의 하구와 가까운 철교의 길이를 1,000m라 가정하자. 그러나 여기서 주의해야 할 점은 어디까지나 유수량을 구하는 것이므로, 철교가 놓인 제방에서 제방까지의 폭이 아니라, 강의 폭이 기준이 되어야 한다는 것이다.

그러므로 그 값을 대폭 축소해 150m 정도라 하자. 국토면적의 차이를 고려해 일본의 강을 미국 상황에 맞추면, 미시시피강의 폭은 약 15배 정도인 2,500m로 추정할 수 있을 것이다.

다음은 깊이인데 앞에서도 언급했듯이 깊이가 10m를 넘지는 않겠지만, 아무리 얕다고는 해도 큰 강이므로 1m 정도라고는 생각할 수 없다. 따라서 중간인 5m 정도로 결정하자.

마지막으로 유속이다. 강의 하구 부근에서 강물이 요란스럽게 흐르는 것을 본 적이 있는가? 더욱이 강은 크면 클수록 유유히 흐르기 마련이므로, 강의 유속은 사람이 걷는 속도인 시속 4km 정도로 가정하자.

따라서 뉴올리언스 부근을 흐르는 미시시피강의 시간당 유수량은 2,500m×5m×4,000m=50,000,000m³로 추정된다.

실제 위키피디아 영어판에 나온 미시시피강 관련 자료를 보면, 약 30년 전 데이터이긴 하지만, 뉴올리언스보다 조금 상류에 위치한 배턴루지의 평균 유수량이 12,743m³/s라고 한다. 이것을 시간 단위로 고치면 45,874,800m³/h가 되므로, 하류 쪽에 존재하는 뉴올리언스 부근의 유수량으로 50,000,000m³/h는 그렇게 나쁜 추정치가 아니다.

물론 중요한 것은 어디까지나 답을 구하는 과정이다. 이 문제를 출제한 의도는 결과를 산출하기까지의 사고 과정, 즉 프로세스가 얼마나 논리적인가를 보려는 것으로 답은 사람마다 달라질 수 있다. 정답 역시 하나가 아니므로 여기서는 그 샘플 답안을 제시한다.

허리케인으로 막대한 수해를 입은 뉴올리언스는 미시시피강 하구에 위치한다. 미시시피강이 큰 강이긴 하지만, 하구 부근에 긴 거리를 떠내려 온 퇴적물이 쌓여 있는 것을 생각한다면, 수심이 수십 미터가 된다고는 볼 수 없다. 현실적으로 물이 쉽게 범람한다는 것은 수심이 얕다는 증거이고, 범람하는 하천의 용적을 생각해보면 강의 폭도 그렇게 넓지 않음을 알 수 있다. 마지막으로 강의 유속은 하구 부근에서는 느려지는 것이 보통이다.

일본 강의 실제 폭을 150m라 가정하면, 국토면적의 차이를 고려해 미시시피강은 그 15배 정도인 약 2.5km가 된다. 강의 수심이 얕다 해도 1m 정도일 리는 없으므로 5m 정도로 가정하고, 유속은 사람이 걷는 속도와 비슷한 시속 4km로 가정하자. 따라서 답은 이 세 가지를 곱한 50,000,000m³/h가 된다.

'생각하는 뇌'를 위한 연습

오늘날 우리는 이제껏 살아온 세계와는 완전히 다른, 가장 안정적이라 여겼던 기업들마저 줄줄이 쓰러져가는 치열한 시대를 살아가고 있다. 2008년 미국에서 시작된 금융위기 이후 '안정'이라는 말은 이미 사어(死語)가 된 지 오래다. 내일 당장 무슨 일이 일어날지 모르는 지금은 지식편중형 인재보다 미지의 분야를 개척해갈 창의적인 인재가 절실히 요구된다.

이러할 때일수록 인간을 인간답게 하는, 인간만이 할 수 있는 마지막 활동인 '생각하는 연습'을 게을리하지 말아야 한다. '생각하는 뇌'를 바탕으로 하는 창의적인 발상이나 미래를 내다보는 예지력은 개인의 문제해결능력이자, 국가의 번영과 발전을 견인해갈 힘이다.

266

따라서 국가의 밝은 미래를 위해서라도 기업과 학교는 힘을 합쳐 제대로 된 인재를 육성하는 데 힘써야 할 것이다.

스스로 생각하고 미래를 내다볼 줄 아는 인재가 되기 위해서는, 기업의 올바른 인재선발과 교육계의 한 차원 높은 교육이 필요할 것이다. 그리고 그와 더불어, 개개인 또한 새로운 차원에서 지식을 습득하도록 힘써야 한다.

책에 제시된 문제들을 보면, 초일류 기업에서 요구하는 지식이 학창시절에 외웠던 난해한 '공식'들과는 그다지 관계가 없음을 알게 된다. 부피를 구하는 공식이나 2진법 등, 기초적인 지식만 가지고 있다면 얼마든지 생각의 힘으로 풀어갈 수 있는 문제들이다. 개들이 서로를 추격하는 20번 문제나, 무한대의 수를 구하는 45번 문제처럼, 때로는 머릿속의 지식만 믿고 문제에 덤비다가 미궁(迷宮)에 빠져버리는 경우도 있다. 너무 많은 지식이 오히려 생각의 진전을 가로막기 때문이다.

세상은 이미 '정답'이 없는 불확실성에 지배되고 있다. 정답이 없는 세계, 그곳에서 살아남을 수 있는 유일한 방안은 스스로 답을 만들어가는 것뿐이다. 그런 마당에 남이 알려준 하나의 '답'만을 금과옥조처럼 받들며 살 것인가?

빌 게이츠가 제시하는 낯설고 황당한 문제들, 이것이 당신에게 주는 메시지는 어쩌면 이것인지도 모른다. 당신 스스로 생각하는 힘을 키우고, 스스로 답을 만들어가라는 것. 그것만이 불확실성과 무한경쟁의 격랑에서 당신을 지켜줄 수 있다.

이 책에서는 인간이 갖고 있는 무한한 능력을 발견하고 단련할 수 있는 다양한 문제들을 준비했다. 뇌 과학자들의 말에 의하면 이러한 문제는 '풀든 풀지 못하든' 도전하는 것만으로도 무한한 능력을 지닌 전두엽이 크게 활성화된다고 하니, 일단 부담 없이 도전해보았으면 하는 마음이다. 더불어 이 책이 개인의 능력 향상뿐 아니라 기업과 국가의 발전에 크게 이바지할 인재를 선발하는 데 미흡하나마 도움이 되길 바란다.

카지타니 미치토시

지은이 카지타니 미치토시 梶谷通稔

일본 와세다 대학 이공학부를 졸업하고 일본 IBM에 입사했다. 1993년 일본 IBM에 입사해 시스템 및 영업부문 매니저, 부장을 거쳐 일본을 포함한 아시아태평양지역 총괄 지부장을 역임했다. 1996년에는 일본 IBM GBS 고문을 겸임하며 뉴비즈니스컨설팅을 설립해 본격적인 비즈니스 컨설턴트의 길을 걷기 시작했다.

현재는 도후쿠예술공과 대학 대학원 객원교수 및 주식회사 arp의 최고 고문을 맡고 있다. 인터넷 상에서 '당신은 빌 게이츠의 시험에 합격할 수 있는가?'(www.arp-nt.co.jp)라는 칼럼을 연재하고 있으며, 저서로는 《기업 진화론》, 《기업 진화론 속편》 등이 있다.

옮긴이 이진원

경희대학교 일어일문학과를 졸업하고 현재 엔터스코리아에서 출판기획 및 일본어 전문 번역가로 활동하고 있다. 역서로는 《지두력 실천편》, 《1일 30분 : 인생 승리의 공부법 55》, 《억만장자 전문학교》, 《이슬람 금융 입문》, 《꿈을 이루는 성공습관》, 《오! 수다》, 《아침을 걸러도 건강하게 살 수 있다》, 《내 몸을 살리는 면역의 힘》, 《암을 이기는 면역력》, 《나도 나를 모르는데 취업을 하겠다고?》 등이 있다.

혼 · 창 · 통 : 당신은 이 셋을 가졌는가?
이지훈 지음 | 14,000원

세계 최고의 경영대가, CEO들이 말하는 성공의 3가지 道, '혼(魂), 창(創), 통(通)'! 조선일보 위클리비즈 편집장이자 경제학 박사인 저자가 3년간의 심층 취재를 토대로, 대가들의 황금 같은 메시지, 살아 펄떡이는 사례를 본인의 식견과 통찰력으로 풀어냈다. (추천 : 삶과 조직 경영에 있어 근원적인 해법을 찾는 모든 사람)

위대한 연설 100 : 그들은 어떻게 말로 세상을 움직였나
사이먼 마이어, 제레미 쿠르디 지음 | 이현주 옮김 | 18,000원

동서고금을 막론하고, 깊은 울림을 선사하는 역사상 가장 위대한 연설 100편의 에센스만을 뽑았다! 키케로부터 오바마까지, 인류 최고의 명연설가 100인의 '연설'은 물론, 그들의 '사상', 당대의 상황을 엿볼 수 있는 자료까지 소개하는 최고의 연설 콜렉션! (추천 : 위대한 연설과 연설가의 삶을 함께 알고 싶은 이들을 위한 책)

인사이트 지식사전 : 세상을 움직이는 키워드
조선경제 i 연결지성센터 지음 | 15,000원

경제 · IT용어부터 시대의 특징을 포착한 용어까지, 책 한 권으로 상식을 쌓고 세상을 읽는다! 새로운 경제흐름을 설명하는 '뉴 노멀'부터 '소셜 미디어'가 만들어내는 글로벌 차원의 변화까지, 누구나 필요로 하는 지혜와 식견이 담긴 책. (추천 : 취업준비생부터 변화에 걸맞은 전략을 세우는 오피니언리더까지!)

픽사웨이
빌 캐포더글리 외 지음 | 장상필 옮김 | 14,000원

내놓는 작품마다 경이적인 기록을 세우며 흥행돌풍을 일으키는 세계 최고의 창조조직, 픽사는 어떻게 전 세계를 열광시켰을까? 개인의 창의력을 폭발시키고 견고한 팀워크를 발휘하게 하는 기업문화와 리더십, 교육훈련, 놀라운 협업시스템을 낱낱이 파헤쳤다. 픽사에 관한 가장 유니크하고 명쾌한 분석을 보여준다.

펑크 마케팅 : 비주류가 뒤엎은 마케팅 혁명
리처드 러머 · 마크 시몬스 지음 | 박준형 옮김 | 17,000원

이제까지 알고 있던 모든 마케팅은 잊어라. 판도를 뒤집을 혁신적인 마케팅만이 소비자를 사로잡을 수 있다. 광고회사를 운영하고 있는 두 저자는 전통에 반기를 든 혁명 '펑크'의 정신에서 해답을 찾았다. 리스크를 감수하고, 새로운 방법을 창안하라! (추천 : 제대로 된 시장조사와 타깃 마케팅을 원하는 사람들을 위한 책)

프리즘 : 미래를 읽는 5가지 안경
페로 미킥 지음 | 오승구 옮김 | 25,000원

성공적인 미래경영을 위한 가장 명쾌한 로드맵! 이 책은 강력한 미래분석 도구 '5가지 미래안경'을 통해, 미래를 정확하게 예측하고 준비할 수 있도록 돕는다. 미래안경은 세계적 리더들과의 800여 회에 이르는 세미나를 통해 도출해낸 결과물이다. (추천: 삶과 비즈니스에서 성공적인 미래경영을 꿈꾸는 모든 사람을 위한 책)

허드, 시장을 움직이는 거대한 힘
마크 얼스 지음 | 강유리 옮김 | 29,000원

마케팅은 죽었다. 이제 비즈니스의 향방은 어떻게 달라져야 하는가? 이 책은 지금껏 상상하지 못했던 비즈니스의 새로운 지평을 선보인다. 그 키워드는 '허드(herd).' 저자는 다양한 학문분야의 이론적 성취와 비즈니스 사례를 넘나들며 인간본성에 관한 통찰을 제시한다. (추천: 마케팅의 위기 시대에 새로운 전략을 모색하는 사람들을 위한 책)

전략의 탄생
애비너시 딕시트 · 배리 네일버프 지음 | 김영세 감수 | 이건식 옮김 | 25,000원

가위, 바위, 보 게임부터 기업 간 거래와 협상에 이르기까지…, 삶과 비즈니스에서 승리하기 위해 반드시 필요한 '전략'의 모든 것! 마치 수학공식처럼 외워두었다가, 필요한 상황마다 적재적소에 적용할 수 있는 '전략적 사고의 기술'. 단연코 명불허전! (추천: 비즈니스의 활로를 모색하고, 실질적 전략에 갈증을 느끼는 리더급)

애스킹 : 성공하는 리더의 질문기술
테리 J. 파뎀 지음 | 김재명 옮김 | 14,000원

위대한 리더는 모두 '질문의 대가'들이다! '애스킹'은 상황을 정확하게 꿰뚫고 거짓말을 간파하며, 대화 속의 오류를 바로잡고, 올바른 의사결정으로 이끄는 탁월한 커뮤니케이션 솔루션이다. 구성원들의 창의성과 실행능력까지 끌어올리는 리더십과 조직경영의 핵심기법을 공개한다. (추천: 프로젝트 매니저부터 기업 CEO까지 모든 리더를 위한 책)

거절할 수 없는 제안을 하라
마이클 프란지스 지음 | 최정임 옮김 | 13,000원

전직 마피아 보스가 들려주는 비즈니스 성공원칙! 누구도 경험하지 못한 마피아들의 조직논리와 비즈니스 본능을 바탕으로, 단순한 경영이론을 뛰어넘어 현실에서 적용할 수 있는 남다른 비즈니스 원칙을 제시한다. (추천: 효율적인 비즈니스 전략과 조직운영을 추구하는 기업 및 조직의 리더들을 위한 책)